Bilderna berättar | Pictures Talk

Johan Erséus

Bilderna berättar
Pictures Talk

SKANDIA 1855–2005

BOKFÖRLAGET MAX STRÖM

© Bokförlaget Max Ström 2005
© Text: Johan Erséus
Bildval/Photo selection: Johan Erséus, Mikael Engblom
Formgivning/Design and layout: Mikael Engblom
Översättning/Translation: Greg McIvor
Redaktör/Editor: Charlotta Broady
Faktagranskning/Fact-checking: Krister Hillerud, Jan Molin
Tryck/Printing: Graphicom, Italien 2005
ISBN 91-89204-67-0

Innehåll | Table of Contents

Förord | Foreword

DEN 12 JANUARI 1855 fick Skandia sin koncession att bedriva brand- och livförsäkrings-
verksamhet underskriven av Oscar I. Under de år som gått sedan dess har världen för-
ändrats mer än under någon annan tid i vår historia. Omvandlingen av samhället har
självklart format Skandia, och i någon mån har Skandia fått vara med att forma och aktivt
verka i det moderna samhället. Trots att lång tid har gått kan vi konstatera att bolagets
ursprungliga affärsidé står sig väl än i dag, målsättningen har hela tiden varit att erbjuda
kunderna långsiktig trygghet – oavsett om det har gällt en försäkring eller sparande.
Företagets tillväxt har skett i samklang med omvärlden; Skandia har bidragit till att göra
samhällets skyddsnät ännu lite finmaskigare. Denna bok är en hyllning till alla de tusentals
människor som under 150 år byggt upp Skandia. Den är också en viktig källa till kunskap
om tjänstesamhällets framväxt. Kännedom om den egna historien och lärdom av tidigare
erfarenheter är förutsättningar för att man ska kunna hitta rätt riktning in i framtiden.

ON 12 JANUARY 1855, King Oscar I signed Skandia's concession to conduct fire and life
insurance operations. Since then, the world around us has changed more dramatically
than at any time in our history. Naturally, society's transformation has shaped Skandia,
just as Skandia has contributed to the society of today. Many years have passed, but it
remains clear that the company's original business concept of offering long-term security
through insurance and savings still holds good. Skandia has evolved in unison with the
world around it and has helped to strengthen society's welfare safety net. This book cele-
brates the thousands of people who have helped to build Skandia over the last 150 years
and serves as an important source of information about the development of the service
economy. Familiarity with one's own history and an ability to draw lessons from the past
are requirements for moving ahead wisely into the future.

STOCKHOLM 12 JAN. 2005
HANS-ERIK ANDERSSON
VD/President and CEO, Skandia

Statyn Svea, Göteborg.

The statue of Svea, Gothenburg.

Etthundrafemtio år

Resan mot det moderna samhället

150 ÅR ÄR EN LÅNG TID. Och aldrig har världen genomgått en snabbare och större omvandling än mellan 1855 och 2005.

Bakom oss ligger halvtannat sekel av dramatiska händelser – världskrig och katastrofer, uppgångar och fall – och tiotusentals vardagar som sakta men säkert förändrats totalt.

Vi har lämnat en bondekultur med rötter i medeltiden och via industrialismens slamrande fabriksvärld nått ett trådlöst kunskapssamhälle. Vi har gått från gåspenna till laptop, från muskler till maskiner, från segelfartyg och hästkärror till kommunikationssatelliter och internationella datornät.

Världen har krympt. Sverige har utvecklats från fattigt utvandrarland i Europas norra skogsbryn till välmående invandrarland mitt i den globala byn. Sill, potatis och brännvin har kompletterats med sushi, pizza och lådvin.

Skråväsende och skyddstullar har blivit näringsfrihet och frihandel. Snillrika uppfinnare och skickliga entreprenörer har skapat framgångsrika företag som Asea, Volvo, SKF, Skandia, Aga och Ericsson.

Land efter land har bytt envälde och livegenskap mot demokrati och individuell frihet. Vägen har kantats av vetenskapliga framsteg och upptäckter – på gott och ont: dynamiten, bensinmotorn, kärnfysiken, gentekniken.

Vi har fotograferat människans inre, promenerat på månen och utforskat Mars. Tåg, bilar, flygplan, radio, tv och mobiltelefoner har blivit självklara företeelser. Läkemedel som penicillin och sulfa har hjälpt oss att kurera dödliga folksjukdomar; samtidigt har vi ådragit oss nya välfärdskrämpor.

Under dessa årtionden har vi uppnått ökad ekonomisk och materiell trygghet och längre livslängd. Vi har skapat ett socialt skyddsnät – som knyts av både gemensamma och privata krafter: barnbidrag, studiebidrag, betald semester, hälsovård, pension, hjälp vid sjukdom, olyckor och arbetslöshet. Vi har sten för sten murat ett svenskt folkhem – som med åren byggts ut, byggts om, lappats och lagats i ett ständigt pågående samhällsprojekt.

I 150 år har vi färdats från ett otryggt mörker mot en värld som trots allt är lite ljusare, lite tryggare. Det har varit en lång resa. Och den är inte slut.

One Hundred and Fifty Years

The making of a modern society

NEVER BEFORE HAS the world undergone a faster and more sweeping transformation than in the last 150 years. The years spanning 1855 and 2005 have brought us dramatic events – world wars and disasters, economic peaks and troughs – and a gradual yet tumultuous revolution in everyday life.

We have left behind a rural culture and, via the din of the Industrial Revolution, emerged into a wireless knowledge-based society. We have progressed from quill pens to laptops, from horse-drawn carts to communications satellites and international computer networks.

Sweden has transformed itself from a poor, emigrant society on Europe's northern periphery into a prosperous, cosmopolitan society in the heart of the global village. Sushi, pizza and box wines have been added to pickled herring, potatoes and vodka.

Free trade and deregulation have superseded protectionism and the guild system, while ingenious inventors and entrepreneurs have created companies like Asea, Volvo, SKF, Skandia, Aga and Ericsson.

Country after country has swapped autocracy and serfdom for democracy and freedom. Progress has been punctuated by scientific discoveries and advances like dynamite, nuclear physics and genetic modification.

We have photographed the human body from the inside, walked on the Moon, and sent space probes to Mars. We now take aeroplanes, TV and mobile phones for granted. Drugs like penicillin and sulpha have helped us to cure diseases at the same time as we have acquired new welfare maladies.

In the course of these 15 decades we have achieved material security and increased longevity. We have constructed a social security net that encompasses child benefit, educational grants, paid holidays, healthcare, pensions, and insurance against illness, accident and unemployment. The Swedish welfare edifice has over the years been rebuilt, reformed, renewed and repaired in one great societal project.

In the space of the last 150 years we have travelled from a precarious existence to a world that, despite its problems, is a little brighter and more secure. It has been a long journey. And it is not over yet.

Livsvillkoren förändras ständigt – men grundbehoven består.   Life is ever-changing but the basic needs remain.

Försäkrings-

SKAN

i STOCI

meddelar **Lifförsäkringar, Lifrä**

samt **Brandf**

Hufvudkontor: M

Fonder omkring 2

Aktiebolaget

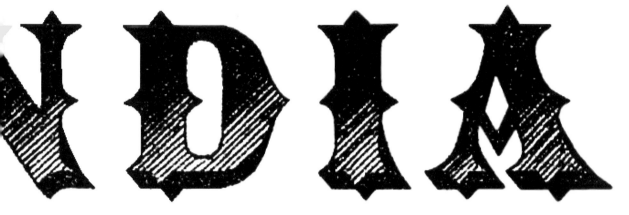

HOLM

tor, Kapitalförsäkringar m. m.

rsäkringar.

ynttorget N:o 1.

——————

,500,000 kronor.

Arbete och industri

Slitet och de snurrande hjulen

I VÅRT ANLETES svett har vi i alla tider knogat för vårt levebröd. Men arbetet är så mycket mer än ett sätt att försörja individer, familjer och nationer. Det erbjuder en livsstil, en identitet och en gemenskap – och har ett uppfostrande egenvärde.

Arbetet har lovsjungits av kristendomen, liberalismen och socialismen. Full sysselsättning är ett självändamål; varken de fattigaste eller de rikaste bör vara overksamma.

Mycket har ändrats sedan 1800-talet. Arbetstiden har reglerats och minskat, arbetslaget har vidgats och krympt – från familjen till fabrikskollektivet till projektgruppen med enmansföretag.

Barnarbete levde i praktiken kvar in på 1900-talet, medan kvinnor hade det svårare att komma in på arbetsmarknaden. Statliga tjänster öppnades för dem på 1860-talet, men först 1923 gavs kvinnor tillträde till alla slags jobb. Så sent som 1939 blev det lag på att även gifta kvinnor fick söka arbete. Fast inte på samma lönevillkor; ännu år 2000 hade kvinnorna bara nått 80 procent av männens inkomstnivå.

Hemmafruar – och invandrare – strömmade i hundratusental till expanderande offentlig sektor och högvarvande industri; just företagen som byggde på stål, stockar och snilleblixtar var ända från 1800-talets slut lokomotiv åt svensk ekonomi och en av Skandias viktigaste kundgrupper.

Arbetets innehåll diskuteras alltmer, liksom förebyggandet av arbetsskador. Problemen kvarstår även om symptomen är nya; på vägen från kolmilor till kontorslandskap har skador som utslitna ryggar och krossade fingrar ersatts av utbrändhet och musarmar.

Försäkringsbolagen har under åren dragit sitt strå till stacken – från lobbying för obligatorisk olycksfallsförsäkring till arbetsplatsgymnastik och forskning om stress.

Kvinnor ryckte in på traditionellt manliga verkstadsjobb under beredskapsåren.

Many women helped out during World War II by entering traditionally male professions.

Work and Industry

The rattle and hum of a manufacturing revolution

IT IS BY dint of hard work that we have put food on our tables since the earliest times. But work is far more than simply a means to provide for ourselves and our families. It is a way of life – it shapes our identity and fosters a sense of community and belonging.

Christians, liberals and socialists alike have extolled the virtues of work. Full employment is an ultimate, self-evident goal: neither the poorest nor the richest should be idle.

Work has changed greatly in character since the 19th century. The working day has been regulated and shortened. Workforces – from the family, to the factory, to the project team, and to single-owner businesses – have continuously fluctuated in size and significance.

Child labour persisted into the 20th century, while women found it hard to find jobs at all. Women were allowed to take public sector employment from the 1860s, but it was not until 1923 that they gained access to all types of work. And it was not until 1939 that married women in Sweden obtained the legal right to work (and even then on grossly inferior terms compared to their male counterparts). By 2000, Swedish women's incomes were still only 80 per cent of men's.

Housewives and immigrants streamed through the gates of public sector enterprises and the heaving, booming industrial factories in their hundreds of thousands. Since the end of the 19th century, traditional manufacturing companies have been the engine of Sweden's economic expansion and formed one of Skandia's most important customer groups.

Nowadays, we discuss the role of work with increasing vigour, along with occupational injury prevention. Our journey from charcoal piles to open-plan offices means that crushed fingers and singed toes have given way to burnout and repetitive strain injury: new symptoms, but the same root cause. All along, insurers have done their bit to promote progress – from their early campaigns for mandatory occupational injury insurance to today's workplace exercise initiatives and research on stress.

Varvsarbetare i Göteborgs hamn tar matrast med unikaboxar och mjölkflaskor.

Dockworkers at Gothenburg harbour tuck into their lunchboxes and milk bottles during a lunch break.

Åtskilliga traditionella arbeten innebar inte bara hårt slit, utan även stor risk. Många fiskare fick sin grav i havet, och det dröjde länge innan livförsäkring var en självklarhet för de mest utsatta yrkesgrupperna.

Kolmilor behövde passas dygnet runt i två, tre veckor så att de inte började brinna – det var ett hårt och ofta farligt arbete att täta ytterhöljet så snart rökgaser visade att det läckte. På vissa håll i landet rådde plikt att kola och leverera till järnbruken. Även skatt kunde tas ut i träkol.

Many traditional occupations were more than hard work; they were also dangerous. Fishermen were regularly lost at sea and it took many years for life assurance to become the norm for riskier forms of employment.

Charcoal piles had to be watched constantly for two to three weeks to make sure they didn't catch fire. Colliers had a hard and often hazardous job that required them to jump onto the piles and repair the outer shell if any smoke was seen escaping. Charcoal was an important fuel for the iron industry.

I början av 1900-talet var livet på landet normen. Jordbruket dominerade till 1930, då industrin fick fler sysselsatta. Efter andra världskriget skedde förändringen fort. 1950–80 gick liemannen hårt åt småjordbruken; i snitt lades två bondgårdar ned varje dag.

När timret väl hade kommit i älven var det bråttom – tid var pengar för träindustrin. Forsarna väntade inte på att flottarna behövde ta rast, så det var bara att kämpa ett dygn i sträck på hala stockar om så behövdes. Här sorteras timmer i Hälsingland.

NÄSTA UPPSLAG: Ett arbetslag av män, kvinnor och barn river ett hus på Skeppsbron 18 i Stockholm. När bilden togs i början av 1890-talet hade mindre än tre procent av svenskarna livförsäkring; premierna var för höga för de lågt betalda arbetarna.
   Därför bildades 1899 det ömsesidiga försäkringsbolaget Trygg, vars "lilla livförsäkring" riktades mot dem som tjänade minst. Ombud samlade varje vecka in premier på 10 öre–1 krona på arbetsplatserna, ofta i samband med avlöning. Snart satsade även konkurrenterna på en lågbudgetlivförsäkring. 1920 var 27 procent av svenskarna livförsäkrade.

When the 20th century dawned, most people still lived on the land. Agriculture remained the primary economic activity until 1930, when the balance tipped in favour of industry. The decline of small-scale farming accelerated after World War II.

Time was money in the forestry business, so all eyes were on the clock once the logs entered the river. If necessary, log drivers would work for days at a time, standing aboard their slippery cargo to negotiate rapids and river boats.

OVERLEAF: A group of men, women and children demolish a property at Skeppsbron 18 in Stockholm. In the early 1890s less than 3 per cent of Swedes had life assurance. Premiums were simply too expensive for low-paid labourers.
   Mutual insurer Trygg was founded in 1899 and sought to tackle this problem by offering "small life assurance" to the lowest paid. Each week Trygg agents would visit workplaces to collect premiums ranging from SEK 0.1 to SEK 1. Trygg's model encouraged other assurers to focus on low-premium life assurance. By 1920, 27 per cent of Swedes had life insurance.

De sex hyttpojkarna, mellan 12 och 15 år gamla, hanterar den heta glasmassan på Kosta glasbruk i Småland 1905. Pojken längst till höger har fått en glasbit i ögat, och gått med bandage några månader, men arbetar ändå. På glasbruken var en tredjedel av arbetarna barn; vid mitten av 1800-talet var hela 85 procent barnarbetare, ibland under den lagstadgade 12-årsgränsen. Från 1881 fick barn arbeta endast sex timmar per dag. Säkerheten var låg och några försäkringar hade barnen inte.

Männen på taket är plåtslagare från firman Conrad Teodor Rahm & Son, som under ledning av verkmästare Gustav Lundin (till höger) utförde arbete på Storkyrkan i Stockholm 1903. Säkerhetslinor tillhörde inte standardutrustningen, men 1890 hade landet fått tre yrkesinspektörer och sedan två år tillbaka gällde Sveriges äldsta socialförsäkringslag om att arbetsgivare var skyldiga att betala ersättning till dem som skadats i arbetet.

Six factory boys, aged 12-15, handling molten glass at the Kosta glassworks in Småland, southern Sweden, in 1905. The boy on the far right with the bandage had sustained eye injuries from a shard of glass a few months earlier but still was required to work. Eighty five per cent of those who worked in glassworks in the mid-1800s were children, some younger than the minimum working age of 12. Safety was poor and the children had no insurance.

Roof sheeters from Conrad Teodor Rahm & Son working on Storkyrkan Church in Stockholm under the watchful eye of foreman Gustav Lundin (far right) in 1903. Safety harnesses were not yet standard equipment in those days, though new legislation passed two years previously meant that employers were required to pay compensation to employees injured at work.

Visst ropades det ibland på revolution, men det var framför allt rösträtt och bättre arbetsvillkor som den gryende arbetarrörelsen krävde. Här har den temperamentsfulle agitatorn och förre skräddarmästaren August Palm samlat anhängare under fanorna framför Folkets hus i Kiruna.

Under 1900-talet ökades steg för steg säkerheten på arbetsplatserna, dels genom kampanjer – som här på SSAB i Piteå 1954, dels genom lagstiftning. 1916 infördes obligatorisk försäkring för olycksfall; arbetsgivarna kunde teckna dem antingen i den statliga riksförsäkringsanstalten eller hos de ömsesidiga försäkringsbolag som arbetsgivarna själva bildat. I ett avtal mellan SAF och LO infördes 1942 ett landstäckande system med skyddsombud.

Aside from occasional calls for the masses to rise up, the nascent labour movement was mainly concerned with demands for universal suffrage and improved working conditions. In this picture, crowds have gathered in the northern city of Kiruna to hear a speech by fiery agitator and former tailor August Palm.

Safety improved step by step after 1900, partly through special campaigns – such as this one at the SSAB steelworks in Piteå in 1954 – and partly via legislation. Mandatory occupational injury insurance was introduced in 1916, and employers could provide cover either through the state-run national insurance board or through mutual insurance companies.

Vid sidan av fabriker var det kontor som slukade mängder med arbetskraft efter kriget – till exempel den svällande skattebyråkratin; utskriften är från en blankettmaskin i Skattehuset på Södermalm i Stockholm.

Symaskinerna snurrade snabbt på Algots i Borås, staden som i mitten av 1900-talet var centrum för landets tekoindustri med 15 000 anställda på över 200 textilföretag. Dessutom hade staden 1952 hela 300 postorderföretag som sålde varorna. På 1960-talet kom billigare kläder från utlandet, vilket ledde till nedläggningar och massarbetslöshet.

NÄSTA UPPSLAG: Kontorsjobb var inne på 1950-talet, fönsterputsning var däremot ute. Lönemässigt var det tvärtom: kvinnor tjänade fortfarande bara 60 procent av vad männen gjorde.

Factories were not alone in mass-hiring staff after World War II. Many people also took office jobs, for instance in the state's burgeoning tax administration. These printouts are from a tax return machine.

Sewing machines hum industriously at garment maker Algots in Borås. This town, 75 kilometres east of Gothenburg, was the centre of Sweden's textile industry and in 1950 employed 15,000 people in more than 200 fabric companies. But by the 1960s cheaper clothing was entering the country from abroad, resulting in mass unemployment.

OVERLEAF: Office work was in during the 1950s; window-cleaning was out. Even so, women still earned only 60 per cent of what men brought home in their wage packets.

Den svenska modellen gällde i hamnar, fabriker och inom transportföretag. Jämfört med övriga västvärlden var den svenska arbetsmarknaden unik genom sin frånvaro av strejker och andra konflikter. Efter 30-talets politiska "kohandel" och 1938 års Saltsjöbadsavtal mellan SAF och LO inleddes ett lång period av arbetsfred – med undantag för metallstrejken 1946.

The Swedish welfare model covered most industrial workers, including these harbour workers in Gothenburg and the cigarette-puffing lorry driver on the right. Sweden enjoyed an unprecedented period of harmony in industrial relations after the landmark Saltsjöbaden Treaty between employers and trade unions in 1938 made it the envy of its peers around Europe.

Bruksarbetarna fick under 1950-talet del av den ökade produktionen. Höjda reallöner och ökad köpkraft ledde till större behov av försäkringar. Skandia insåg inte lika snabbt som konkurrenterna att ett nytt välfärdssamhälle höll på att växa fram, utan förlorade marknadsandelar på både sak- och livförsäkringar. Räddningen blev en rad fusioner med andra försäkringsbolag kring 1960.

Stora industriföretag, som Uddeholms järnverk i Degerfors, var en hörnpelare i Skandias försäkringsverksamhet långt in på 1980-talet, då företagen genom så kallade captivebolag själva tog över försäkringarna.

Foundry workers received their share of rising prosperity in the 1950s. Rising real incomes and increased purchasing power created growing demand for insurance. Skandia was not as quick as its competitors to discern the emergence of a new welfare-based society and sacrificed market share in non-life and life insurance as a result. A series of mergers around 1960 enabled it to maintain its position.

Large industrial enterprises like the Uddeholm iron foundry in Degerfors remained a pillar of Skandia's insurance business well into the 1980s. During this decade many companies opted to cover their insurance needs themselves by starting so-called captive companies.

Kvinnliga fabriksarbetare i 1950-talets Blekinge: emaljarbeterskor med enöriga pottor på Kockums i Kallinge och en skrivmaskinsmontör på Haldafabriken i Svängsta. Högkonjunkturen behövde alla händer som stod till buds – och både invandrare och kvinnor strömmade till fabrikerna. Så såg det inte ut några decennier tidigare.

På 1860-talet öppnades visserligen statliga tjänster för kvinnor, och under resten av seklet var det relativt vanligt med kvinnliga kontorsarbetare – många män hade emigrerat till USA och kvinnor ansågs enbart behöva hälften så mycket i lön, "de skulle väl ändå snart gifta sig". Inte förrän 1939 fick kvinnor laglig rätt att söka anställning; Skandia var några år före sin tid och anställde gifta kvinnor från 1936.

Women factory workers in the 1950s in Blekinge, south-east Sweden. Enamellists with their single-handled pots at Kockums in Kallinge and a typewriter assembler at the Halda factory in Svängsta. Sweden's economic expansion required all hands to the pump, and immigrants and women alike poured into the factories.

State employment was opened to women in the 1860s and female office workers were a frequent sight from then on. Many men had emigrated to the US and employers thought they could pay women only half a man's wage since "they'd be getting married soon anyway". Not until 1939 were women legally permitted to apply for work. Skandia was a few years ahead of its time and started employing women in 1936.

Det svenska stålet bet särskilt hårt efter andra världskriget, när många länders fabriker låg i ruiner. Sveriges exportnäring var glödhet och Volvobilar skeppades i väg i hög takt. Just de stora industrierna var Skandias viktigaste försäkringskunder ända från grundandet. Många fick hjälp att förebygga eldsvådor med hjälp av Skandias brandingenjörer som pekade ut risker och krävde förbättrad säkerhet.

Swedish steel was in high demand after World War II, as production in many other countries lay in tatters. Exports such as Volvo cars rolled straight off the production line and onto cargo ships, destined for hungry foreign markets. Big industrial companies had been Skandia's most important customers from the outset, and many had Skandia specialists to thank for improving their fire prevention procedures and standards.

Katastrofer och olyckor

De fyra elementen och den mänskliga faktorn

ELDSVÅDOR OCH ÖVERSVÄMNINGAR, jordbävningar och orkanvindar. De fyra elementen har alltid inneburit lurande faror; trots alla varningssystem drabbas mänskligheten än i dag av naturkatastrofer. Men även våra egna skapelser kan åstadkomma svåra och kostsamma skador: från olyckor med bilar, tåg, fartyg och flygplan till krig och andra våldshandlingar.

Vårt behov av ekonomiskt skydd mot katastrofer är urgammalt; redan för 2 300 år sedan lär man ha kunnat försäkra sina slavar i Babylon, och i den romerska armén förekom en sorts pensionsförsäkring. Sjöförsäkringarna har sitt upphov i medelhavsländernas långväga handel och brandförsäkringar har medeltida rötter i de nordiska ländernas brandstoder, särskilda avgifter som togs ut av alla i trakten efter stora bränder.

Det var den gryende industrialismens behov av att försäkra sina dyrbara investeringar som på 1850-talet drev fram det moderna svenska försäkringsväsendet – med kapitalstarka aktiebolag. Skandia blev snabbt landets största industribrandförsäkrare.

Det var en högriskbransch. Brandförsvaret – med häst och vagn – var primitivt, och när elden kom lös kunde kostnaderna bli så höga att de tömde bolagets reserver. De första riktigt stora riskobjekten var sågverken med sina virkesupplag och bruken med sina väldiga ugnar. "När leran tar slut så brinner tegelbruket", var en dåtida sanning i försäkringsbranschen.

Direkt eller genom återförsäkringar var Skandia ända sedan starten delaktigt i efterdyningarna av många internationella katastrofer, från bränder i ryska kåkstäder på 1860-talet och jordbävningen i San Francisco 1906 till haverier med oljeplattformar och rymdfarkoster på 1980-talet.

Brand på ett lager för kol och koks, Gåshaga på Lidingö, 1954.

Fire rages in a coal and charcoal storehouse at Gåshaga on the island of Lidingö in Stockholm, 1954.

Accidents and Disasters

The four elements and the human factor

EARTHQUAKES, HURRICANES, FIRES and floods: the four elements have wreaked periodic death and destruction since the beginning of time. In spite of modern technology, we remain vulnerable to natural disasters. Man-made structures can also cause dangers to harm life and limb, whether through road, rail, sea and air accidents or via wars and other acts of violence.

Our need for financial protection from disaster can be traced back to ancient times. Babylonian slave owners are believed to have insured their captives as long as 2,300 years ago, while the Romans had a primitive pension system for their armies. Maritime insurance originated from the voyages of Mediterranean traders, and fire insurance dates back to the fire tariffs that were levied in the Middle Ages on local Nordic populations following a large blaze.

Sweden's modern insurance industry and its corporations arose from the need to safeguard costly investments during the Industrial Revolution in the mid-19th century. It was from these roots that Skandia evolved to become the country's largest industrial fire insurer – a high-risk business that could visit financial ruin on the insurer if the fire brigade with their horse-drawn carts failed to bring such blazes under control. Riskiest of all to insure were sawmills and their wood yards, and factories with open furnaces. "When the clay runs out, the brickworks burn down" became a favourite insurance industry adage.

Over the years, Skandia has come into direct or indirect (through reinsurance) contact with many of the world's worst disasters, ranging from the fires that swept across Russia's shanty towns in the 1860s and the San Francisco earthquake of 1906 to more modern losses such as oil rig calamities or rockets and satellites lost in space.

Resultatet av ett möte mellan ett tåg och en personbil. When a car and train collide, this is the result.

Kombinationen träbebyggelse och öppen eld – i lyktor, spisar, kakelugnar, fabriker – ledde ofta till omfattande stadsbränder. På bilden till vänster är det Hudiksvall som har drabbats, i augusti 1878. Staden byggdes upp, men drabbades året därpå av en ny storbrand.

Många andra städer eldhärjades svårt under Skandias första tid, som präglades av just brandskador: Karlstad 1865, Gävle 1869, Luleå 1887, Mariestad 1895, Köping 1889, Lindesberg 1869 och 1894, Ronneby 1864, Kristinehamn 1893, Sala 1880, Sundsvall och Umeå 1888, Strängnäs 1871, Uddevalla 1859 och 1871, Strömstad 1876, 1880 och 1920, Söderhamn 1876, Ulricehamn 1897, Varberg 1863, Åmål 1901.

Den 25 juni 1888 inträffade de värsta stadsbränderna i svensk historia – framför allt drabbades norrlandskusten.

I Umeå började branden i ett bryggeri vid älven. Hela stadskärnan brann ned och 2 000 av stadens 3 000 invånare förlorade sina hem. För att förhindra liknande katastrofer byggdes Umeå om med breda brandgator, och längs dessa esplanader planterades björkar som gav staden dess smeknamn.

Försäkringsbolagen drabbades hårt. Skandia fick betala ut 7,2 miljoner. Utan omfattande återförsäkring – som gällde 5,4 miljoner – kunde det ha varit dödsstöten för bolaget.

The dangerous mix of wooden buildings and open fires in the form of lanterns, fireplaces, tiled ovens and factory furnaces caused numerous fires in the 19th century. This photograph was taken in Hudiksvall in 1878. Much of the town was destroyed.

Skandia's early years were marked by frequent blazes: Karlstad 1865, Gävle 1869, Luleå 1887, Mariestad 1895, Köping 1889, Lindesberg 1869 and 1894, Ronneby 1864, Kristinehamn 1893, Sala 1880, Sundsvall and Umeå 1888, Strängnäs 1871, Uddevalla 1859 and 1871, Strömstad 1876, 1880 and 1920, Söderhamn 1876, Ulricehamn 1897, Varberg 1863, and Åmål 1901.

On 25 June 1888 Sweden was hit by the worst fires in its history, with coastal towns in the north of the country bearing the brunt of the damage.

The great fire in Umeå, on the north Baltic coast, began in a riverside brewery, destroying the entire city centre and making 2,000 of the town's 3,000 inhabitants homeless. In order to prevent similar blazes from happening again, Umeå was rebuilt with wide boulevards to act as de facto firebreaks.

Insurers were hard-hit, with Skandia having to foot a bill for SEK 7.2 million. Had SEK 5.4 million of this not been reinsured, the size of the pay-out might have forced the company out of business.

Gnistor från en ångslup på Selångersån spreds med stormbyarna – och när skymningen sänkte sig den heta midsommardagen 1888 var den expansiva industriorten Sundsvall en nedbränd spökstad med ensamma skorstensstockar och sotiga stenhögar. Fem personer omkom och nära fyrahundra fastigheter förstördes i Sveriges värsta stadsbrand.

Also on that fateful midsummer day in 1888, sparks from a steam launch on the River Selångersån were caught up on the high winds and carried into the expansive industrial city of Sundsvall. By dusk it had been reduced to a charred ghost town of solitary chimney stacks and piles of sooty rubble. Five people died and close to 400 properties were destroyed in what was Sweden's worst urban fire.

Branden 1888 gjorde att 9 000 av Sundsvalls 11 000 invånare blev hemlösa och inhystes i tältläger. Hundratals nedbrända träkåkar ersattes av stenhus; till skillnad från andra drabbade Norrlands-städer hade Sundsvall gott om kapital tack vare den blomstrande sågverksindustrin. För de flesta arbetarfamiljer var det värre, det var främst den nya medelklassen som hade haft råd att försäkra sina hus.

NÄSTA UPPSLAG: Eldsvådor har alltid lockat stora skaror nyfikna. Som när Näslunds möbelfabrik i Umeå förstördes den 30 maj 1911. Branden kostade Skandia 224 343:86 kronor, dessutom fick regementet som hjälpte till med släckningen 250 kronor.

Some 9,000 of Sundsvall's 11,000 inhabitants lost their homes and had to live in makeshift tent camps. Stone buildings replaced the old wooden houses when the city was rebuilt. Unlike the three other fire-damaged towns, Sundsvall had a booming wood pro-cessing industry to help fund its rebuilding effort.

OVERLEAF: Fires always attract onlookers, and this crowd turned out to watch the Näslund furniture factory being con-sumed by flames in Umeå on 30 May 1911. The fire cost Skandia SEK 224,343 – as well as an additional SEK 250 paid to the local army regiment that helped to put out the blaze.

En sammanbiten skara inspekterar de sotiga resterna av centrala Bergen. Branden, som startade i ett hamnlager, spreds över hela den norska kuststaden denna januaridag 1916. Brandslangar och vattenkanoner var chanslösa i den hårda nordanvinden, lågor och gnistor hoppade från kvarter till kvarter. 393 hus förstördes, en brandman omkom och tre fjärdedelar av alla butiker brann ned. Polisen fick hindra affärsmän som ville gräva fram sina kassaskåp under de osande ruinerna; när resterna svalnat visade det sig att många skåp hade smält och både pengar och viktiga papper förintats. Skadorna beräknades till 100 miljoner norska kronor, en enorm summa. Åtskilliga fastigheter var försäkrade i svenska Skandia – ett arv från unionstiden som upphört elva år tidigare.

Redan 1801 kunde stockholmarna avnjuta skådespel på Djurgårdsteatern, intill Skansens nuvarande linbana. Huset revs 1863 och ersattes av en ny teater, som brann två år senare. Den tredje teaterlokalen stod klar 1867, och hann se aktörer som Gösta Ekman d.ä., Greta Garbo och Ernst Rolf – innan även den fattade eld. Dåtidens modernaste brandbilar hjälpte inte, 1929 brann teatern ned för sista gången.

A sombre crowd inspects the charred remains of central Bergen after a fire in a harbour wharf raged out of control and swept through the entire Norwegian city in January 1916. Fireman's hoses and water cannons stood no chance in the strong northerly winds, and sparks and flames carried quickly from block to block. In all, 393 houses were destroyed, one fireman died and three quarters of the city's shops were razed. The police were forced to hold back businessmen from clawing through the smoking ruins in the hope of retrieving their safes. When temperatures subsided it became clear that many safes had melted in the heat, destroying large sums of money and other valuables. Damage was estimated at 100 million Norwegian kroner. Even though the union between Sweden and Norway had been dissolved 11 years earlier, many properties were still insured by Swedish Skandia.

From 1801, Stockholmers could enjoy shows at Djurgårdsteatern, a theatre next door to the Skansen open-air museum. The building was demolished in 1863 and replaced by a new stage and auditorium only for it to burn down two years later. The theatre was promptly restored and its boards were trodden by acting luminaries such as Greta Garbo and Gösta Ekman before it again caught fire in 1929. This time, though, it was not rebuilt.

Sockerbruket i Arlöv grundades 1869 och blev en av Skånes största råsockerfabriker, med en årsproduktion på över 200 000 ton. Bruket strax öster om Malmö härjades svårt av eld 1896, men tack vare försäkringspengarna (223 283:70 kronor) kunde det byggas upp inom ett år. Här produceras socker än i dag, nu i dansk regi.

Built in 1869, the Arlöv sugar refinery close to Malmö was one of the largest of its kind in southern Sweden, with annual production of more than 200,000 tonnes. Badly damaged by fire in 1896, it was rebuilt within a year with the help of insurance money (SEK 223,283) and still produces sugar today.

Kvart över fem på morgonen den 18 april 1906 skakades San Francisco av ett jordskalv som mätte hela 8,3 på Richterskalan. En minut senare rasade minst ett dussin bränder i de fattiga arbetarkvarteren och industriområdena. Redan samma eftermiddag var halva stadskärnan utplånad och tusen människor döda. I fyra dygn syntes den svarta rökpelaren hundratals kilometer bort, en makaber hälsning från den värsta olycka som dittills hade drabbat en modern stad.

Skadorna uppgick till över 200 miljoner dollar. Mer än 250 försäkringsbolag var inblandade, däribland Svea och Skandia, som år 1900 inlett sin satsning på den amerikanska marknaden. De svenska bolagen ställdes inför sina största skador någonsin, men klarade till skillnad från många andra bolag att betala ut pengarna direkt – vilket skapade stor goodwill för framtiden.

At 5.15am on 18 April 1906 San Francisco awoke to the tremors of an earthquake measuring 8.3 on the Richter scale. Within minutes, dozens of fires were raging across the city's residential districts and industrial areas. By the afternoon, half of the city centre was in ruins and 1,000 people were dead. For the next four days, black plumes of smoke could be seen hundreds of kilometres away rising from the ashes, the macabre signature of the worst disaster that had ever struck a modern city.

Damage totalled more than US$200 million and the bill was footed by over 250 insurance companies, among them Svea and Skandia (which in 1900 had taken its first steps into the American market). Though these were their largest-ever claims, the two Swedish companies paid immediately and won themselves much goodwill in the process.

Den 13 september 1899 inträffade den första allvarliga bilolyckan i världen, när Arthur Smith körde på Henry Bliss i New York. Sådana incidenter var länge undantag i Sverige, där bilarna var få. Men de blev allt vanligare: 1919 fanns det 8 500 registrerade bilar i landet, 1930 var siffran 150 000. Samma år var infördes trafikförsäkringen, som tillsammans med bilförsäkringen helt skulle dominera 30-talets sakförsäkring.

Alla bilar var dock inte lika önskvärda. På 1920-talet varnade Skandia uttryckligen sina ombud för Fordar, särskilt om de kördes som taxi: "Erfarenheten synes redan gifva vid handen, att Fordvagnen i längden icke står ut med de påfrestningar, för vilka en trafikbil måste utsättas. Vi vilja därför fästa uppmärksamheten på, att vi endast *i undantagsfall* och alltid först efter inhämtad *auktorisation* teckna försäkring å trafikbiler av märket Ford." (Jo, den gängse pluralformen av bil var *biler*, efter *automobiler*.)

Nej, det är inte en lekhörna för barn, utan en arbetsplats för allvarliga farbröder år 1925. På Skandias bilskadeavdelning iscensatte de troliga olycksförlopp – med hjälp av krita och små bilar, motorcyklar, hästkärror och människodockor.

The world's first serious car accident occurred on 13 September 1899 when Arthur Smith collided with Henry Bliss in New York. Similar instances remained rare in Sweden since cars were few and invariably travelled at low speeds. But accidents increased as traffic volumes rose. In 1919 there were 8,500 cars on Sweden's roads, a figure that reached 150,000 by 1930. That year saw the introduction of the first third-party motor liability insurance, a product that together with vehicle damage insurance would dominate non-life business for the rest of the decade.

But not all cars were that popular. Skandia warned its agents about Ford in the 1920s, especially if the cars were used as taxis: "Experience would appear to confirm that the Ford motor car in the long run cannot withstand the pressures to which a motor vehicle is necessarily exposed. We would therefore wish to draw your attention to the fact that we will only exceptionally, and then only on receipt of authorisation, insure cars of the Ford brand."

Drawing board of Skandia traffic experts in 1925, room number 6 at company headquarters – Mynttorget Square 1 in Stockholm. Here they have used chalk and model cars, motorcycles, carts and dolls to sketch out accident scenarios.

En segelskuta går i kvav, som en symbol för en hel transportepok. Ånga och stål trängde undan segel och trä, lasterna blev större och kapitalinsatserna högre. Sjöförsäkring var en av de tidigaste försäkringsgrenarna, och den sköttes av en lång rad aktiebolag som bildades på 1800-talet i Stockholm, Göteborg och Malmö. Några av tidens specialister var Gauthiod, Ocean, Ägir, Hansa, Atlantica och Svenska Lloyd. De försäkrade i första hand lasten, medan den ömsesidiga Assuransföreningen tog hand om fartygen. Efter första världskriget och depressionen minskade handeln över haven och därmed sjöförsäkringens betydelse.

Efter 1900 fördubblades den svenska handelsflottan på tio år. Exportindustrin gick på högvarv och fartygen kördes hårt. De stigande beloppen för förlisningar och reparationer medförde ökad återförsäkring av fartyg och last utomlands.

NÄSTA UPPSLAG: Lasten gick förlorad, men åtminstone en man ur besättningen kunde räddas ur fartyget som är på väg att sjunka utanför Sundsvallskusten.

This photograph of a wooden barque going to its grave symbolises the end of a transport epoch. Sails and wood gave way to steam and steel as shipping trade flourished. Maritime cover, one of the earliest insurance forms, was provided by a cluster of joint stock companies founded in the 19th century in Stockholm, Gothenburg and Malmö, and including names such as Gauthiod, Ocean, Ägir, Hansa, Atlantica and Svenska Lloyd. These firms specialised in cargo insurance, while the mutually owned Assurance Association insured the vessels. Merchant shipping declined after World War I and the Great Depression, however, and maritime insurance suffered a similar fate.

Sweden's merchant navy doubled in size in the first decade of the 20th century. Exports were booming and mercantile vessels were hard-pressed to meet demand. Rising pay-outs for ship losses and repairs forced insurers to seek greater reinsurance cover for vessels and cargoes outside Swedish waters.

OVERLEAF: The cargo has been lost but at least one of the crew members was rescued from this stricken vessel before it sank off the coast of Sundsvall.

Efter den tyska invasionen av Norge och Danmark införde Sverige 1940 krigsskadeförsäkring av egendom. Vi slapp kriget – men även neutralitet kan medföra skador. 1942 deltog Skandias direktör Pär Ulmgren i utarbetandet av lagen om neutralitetsskador. Den kom till pass den 18 november 1943, då ett brittiskt bombplan släppte en serie brandbomber över norra utkanten av Lund. En handelsträdgård drabbades värst, totalt restes över 500 ersättningsanspråk på totalt 500 000 kronor. Utredarna konstaterade att de flesta drabbade var synnerligen måttfulla, men att det fanns ett antal "försäkringskverulanter, som vilja profitera på olyckshändelser" med orimligt höga anspråk.

Även vilsna ryska flygplan släppte bomber över Sverige. Den 22 februari 1944 träffades Södermalm i Stockholm (bilden till höger), Nacka, Södertälje och Strängnäs. Två personer skadades och tiotusentals glasrutor spräcktes.

När ryssarna den 21 februari 1940 bombade Pajala – i stället för finska Rovaniemi – demolerades kyrkan, ett litet sågverk och en ladugård. Den gången reglerades skadorna av en sovjetisk delegation som inspekterade förödelsen och betalade full ersättning.

After Germany invaded Norway and Denmark in 1940 Sweden introduced wartime property insurance. The country remained outside the war, but not even neutral states were immune to the consequence of military errors and Skandia director Pär Ulmgren helped the government draw up a bill on war-related damage. The legislation was put to the test on 18 November 1943 when a British bomber firebombed the outskirts of Lund, causing SEK 500,000 of damage. Damage assessors concluded that most of the claims were reasonable but that "some unscrupulous individuals were determined to profit from mishaps" by making spurious ones.

When the Russians on 21 February 1940 mistakenly bombed Pajala (instead of Rovaniemi in Finland) the blasts destroyed the town's church, a small sawmill and a farm. A Soviet delegation arrived to inspect the damage and paid full compensation. A navigational error also resulted in Russian planes dropping bombs over several Swedish towns, including Stockholm, on 22 February 1944. Two people were hurt and thousands of windows shattered.

Vatten kan orsaka lika stora skador som eld. Förebyggande av vattenskador är högt prioriterat inom försäkringsbranschen. Ändå drabbar de årligen 80 000 svenska hem – med uppbrutna golv, väggar och tak, mögel och svampangrepp som kostsamma följder. Bilderna är från en översvämning på varuhuset NK 1947 och en vattenläcka i Stockholm 1954.

Water can cause as much destruction as fire, and preventive measures are a high priority for insurers. Every year, 80,000 Swedish homes suffer damaged floors, walls and ceilings, as well as water-induced attacks of mould. The photographs show a flood at the NK department store in Stockholm in 1947 and a burst water main on one of the capital's streets in 1954.

Dammen vid Sidsjön riskerade att brista och 700 miljoner liter vatten hotade Sundsvall hösten 2001, för andra gången på två år. I hela södra Norrland hade regnet spolat bort vägar, tågräls stod under vatten, el- och vattenförsörjningen fungerade inte, gräsmattor flöt i väg och källare var översvämmade. Gatukontoret, miljökontoret, vattenbolaget, Vägverket, Banverket och hemvärnet kunde trots tonvis med sandsäckar inte hindra vattenmassorna från att tränga in i hyreshus, villor och sommarstugor. Försvarets helikoptrar med ytbärgare fick undsätta familjer i vattenfyllda hem och utsända från försäkringsbolag och saneringsfirmor var redan i full gång med att inspektera förödelsen.

"Den värsta stormen i mannaminne." Hösten 1969 stämde verkligen den gamla klyschan. Hustak virvlade bort, träd slets upp med rötterna, 40–50 miljoner kubikmeter skog förstördes, båtar vräktes upp på land och bilar krossades. Hårdast drabbades västkusten från Varberg till Stenungsund. Skadeverkningarna var de största i svensk försäkringshistoria. På Skandia sysslade tio personer under ett helt år med stormens effekter. På tre veckor inkom över 6 000 skadeanmälningar. Pensionärer kallades in och styrkor trummades ihop från hela landet; så omfattande skador fanns inte i några kalkyler.

It was autumn 2001 and for the second time in two years the dam at Lake Sidsjön was threatening to burst and flood the city of Sundsvall with 700 million litres of water. Across large parts of northern Sweden, roads had been washed away by rain, railway lines were under water, electricity and water supplies were down and basements were under water. Despite using thousands of sandbags, the authorities and Home Guard could not prevent the waters from entering apartment buildings, houses and cottages. Helicopters with rescue crews from the armed services rescued families from their submerged properties as insurance companies arrived to start assessing the damage.

"The worst storm in living memory." For once, the weather system that hit Sweden in autumn 1969 lived up to that well worn cliché. Roofs were blown off, trees torn up by their roots and cars crushed by falling scaffolding. Worst hit was the west coast, and the damage caused was the most extensive in Swedish insurance history. Skandia assembled a team of 10 people who spent an entire year working full-time on the aftermath of the storm. In three weeks Skandia received 6,000 claims. Retired staff were drafted in and the company scoured the country for manpower: damage on such a scale can never be foreseen.

Bedrägerier är ett stort problem för både försäkringsbolag och kunder, som drabbas av höjda premier. Totalt beräknas minst hundratusen bedrägerier kosta branschen över 1,5 miljarder kronor per år. Det handlar oftast om överdrivna krav, men 10 000– 15 000 fall per år antas vara påhittade eller konstruerade skador.

Ett hundratal personer arbetar på heltid med att utreda misstänkta försäkringsbedrägerier. Ibland upptäcker de att vissa kunder drabbats av onormalt många kostsamma skador – som de båda ägarna till Fontainebleau, en restaurang i Stockholm som sprängdes i bitar nyårsaftonen 1982. Ägarna misstänktes inledningsvis och satt häktade i 57 dagar för dådet. Med tanke på de mystiska omständigheterna och männens tidigare historia vägrade Skandia att betala ut försäkringspengar, vilket stöddes av tingsrätten. Ägarna vann dock i hovrätt och HD, varpå Skandia tvingades betala ut 11 miljoner kronor. Ingen fälldes för sprängningen; en före detta dörrvakt på Fontainebleau dömdes till fängelse för en mordbrand på restaurangen sommaren 1982.

En tidig januarimorgon 1990 backades en släpvagn med tre travhästar över kajen vid Skeppsbron i Stockholm. Hästarna drunknade, travtränaren som lyckades kasta sig ur bilen hävdade att han råkat trampa på gasen i stället för bromsen. Men det var ingen olycka. Vittnen hade sett bilen köra omkring längs kajen. Mannen hävdade först att de stackars hästarna var oförsäkrade – men tvärtom hade en av dem, Garrett Lobell, genom en skenaffär nyligen fått sitt försäkringsvärde höjt från 3,5 till 5 miljoner kronor. Trots att stuteriägaren var konkursmässig hade han just betalat 77 000 kronor i premier. De båda andra hästarna var uttjänta och i princip värdelösa men ändå försäkrade till 1,1 miljoner. I stället för försäkringspengar fick ägaren näringsförbud och tre och ett halvt års fängelse.

Insurance fraud is a big problem, both for insurance companies and their customers. The vast majority of policyholders are scrupulous people who have to bear the costs of fraud through higher premiums. An estimated 100,000 fraud cases occur each year, costing the industry more than SEK 1.5 billion. Most of these are overstated claims, but 10,000–15,000 are entirely bogus.

In Sweden 100 people work full-time investigating suspected insurance fraud. Sometimes it emerges that a specific customer has incurred an unusually high number of losses. The owners of Fontainebleau, a Stockholm restaurant damaged by a bomb on New Year's Eve in 1982, were a case in point. The mysterious circumstances surrounding the blast and the two owners' track record resulted in Skandia refusing to pay out. Skandia won the ensuing court case but the restaurant owners appealed successfully and Skandia was forced to pay out SEK 11 million. No one was ever convicted of the bombing, though a former doorman at the restaurant was sentenced to prison for an arson offence there in the summer of 1982.

One early January morning in 1990, a horsebox fell over the quayside in central Stockholm and three racehorses drowned. The driver claimed he'd accidentally hit the accelerator instead of the brake. Witness statements contradicted this version and it was then discovered that insurance cover on one of the horses had recently been increased from SEK 3.5 million to SEK 5 million. The other two horses were practically worthless but insured for SEK 1.1 million. Instead of an insurance pay-out, the owner received a three-and-a-half-year prison sentence.

I stället för flygkatastrof blev det "Miraklet i Gottröra". Samtliga ombord på SAS-flighten från Arlanda till Warszawa den 27 december 1991 överlevde kraschlandningen på en åker. Vingarna hade blivit slarvigt avspolade före start; is bildades, lossnade och slog sönder motorerna. För att inte SAS skulle drabbas av dålig reklam skyndade sig flygbolagets personal att måla över sitt företagsmärke på planet – men slutade när man insåg att allt slutat oväntat lyckligt.

The hamlet of Gottröra near Arlanda international airport, north of Stockholm, witnessed a near-disaster on 27 December 1991 when an SAS flight to Warsaw crash-landed in fields shortly after take-off. The plane broke apart but, miraculously, everyone on board survived. The wings had not been de-iced properly prior to take-off and shards of the ice that formed once the jet was airborne were sucked into the turbines, crippling the plane's engines.

Den första svåra tågolyckan i Sverige inträffade redan 1864, då sju personer omkom i en kollision vid Bodafors station i Småland. Bilden är från en tågurspårning i Södermanland 1990, då en dog och ett fyrtiotal skadades. Två andra landskap som drabbats av flera allvarliga tågolyckor är Östergötland och Jämtland.

The first major Swedish railway accident occurred in 1864 when seven people died in a collision at Bodafors station in the southern province of Småland. The above photograph was taken when a train left the rails in Södermanland in 1990, killing one person and injuring 40.

Eftermiddagen den 30 november 1977 slocknade ljusen i Göteborgsförorten Tuve och ett dovt muller hördes i marken. Så började den största svenska naturkatastrofen i modern tid. Nio personer omkom i jordskredet, 75 skadades. 65 bostadshus förstördes, 436 personer blev hemlösa. Kratern var 15 meter djup och mätte 800 gånger 600 meter. En del hus gled tvåhundra meter – som isflak. Avlopps- och vattenledningarna sprang läck, några som tagit skydd i källare drunknade.

Redan dagen efter var försäkringsbolagen på plats i rullande fältkontor och betalade ut kontanter för lösöre och merkostnader – ett helt nytt arbetssätt vid katastrofer. Rasområdet är i dag en park, runtom branten står nya villor. Liknande skred inträffade i Surte 1950, Göta 1957 och Vagnhärad 1997.

On 30 November 1977 the lights went out in the Gothenburg suburb of Tuve and a muffled rumbling could be heard. The noise came from a landslide that claimed nine lives and injured 75. Sixty five houses were destroyed, 436 people left homeless and the landslide left a crater 15 metres deep, 800 metres long and 600 metres wide. Some houses were swept away like ice floes and dumped up to 200 metres away.

Insurance companies were at the scene of this, Sweden's worst natural disaster, the next day and set up temporary offices to provide the needy with enough cash to tide them over. This rapid and proactive response was a new departure for insurance companies. The disaster scene has since been turned into an area of parkland and new housing.

En tidig morgon i juli. Semestern har just börjat – och livet har just slutat för en av de 20-åringar som i hög fart kraschade med en Saab mot en belysningsstolpe på Värmdövägen i Nacka. Trots alla informationskampanjer och all förbättrad säkerhet omkommer fortfarande cirka 500 människor per år i den svenska trafiken.

I slutet av 1960-talet var en halv miljon bilar försäkrade i Skandia, som årligen hanterade 250 miljoner kronor enbart i premier på motorförsäkringar. Och varje år betalades det ut pengar för cirka 175 000 skador.

An early morning in July at the start of the summer holidays. But this 20-year-old's life has just come to an end after his Saab veered into a lamp post. Despite constant road safety campaigns and initiatives, approximately 500 people still die on Swedish roads every year.

At the end of the 1960s, half a million cars were insured with Skandia. The company's premium income from motor insurance alone totalled SEK 250 million and each year it paid out on approximately 175,000 claims.

Vardagen för räddningskåren var bärgning av bilar. Det var en alltför stor satsning på denna verksamhet som till slut knäckte Thule, som i början av 1960-talet var Sveriges största försäkringsbolag. Thule fick akuta ekonomiska problem och gick upp i Skandia.

Krockkuddar räddar liv. Försäkringsbranschen har länge engagerat sig i trafikfrågor. Bolagen har ett gemensamt intresse av att minska olyckor och skador, och har ofta delat upp ansvarsområden mellan sig. Så arbetade till exempel Folksam med whiplash-skador och krocksäkerhet, medan Skandia satsade på bilarnas katalysatorer och liknande miljöfrågor.

Car breakdown recovery was an everyday task for the emergency services. But it was to prove the downfall of Thule, which started the 1960s as Sweden's largest insurer. The company over-invested in this business, bringing upon itself financial problems that exposed it to the eventual takeover by Skandia.

Airbags save lives. The insurance industry has long been active role in promoting road safety. Insurers share a mutual interest in reducing accidents and have often worked together in planning safety initiatives. For instance, Folksam has focused strongly on collision safety, and Skandia has promoted environmental improvements such as catalytic converters.

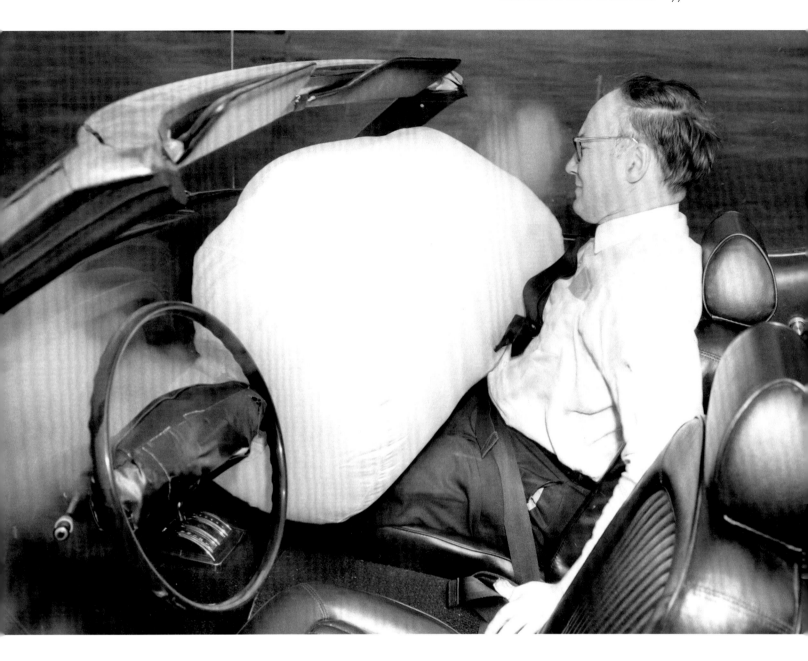

NÄSTA UPPSLAG: Kyrkan brinner! Natten till den 17 maj 1990 totalförstördes Katarina kyrka på Södermalm i Stockholm. Kupolen störtade in, altaruppsatsen blev lågornas rov, liksom predikstolen, orgeln och de fyra väldiga malmklockorna. Kvar fanns i princip bara yttermurarna och kyrksilvret som räddades ur lågorna.

Men även originalritningarna från 1600-talet överlevde. Med dem som bas ledde arkitekt Ove Hidemark återuppbyggnaden, som blev klar efter fem år och 230 miljoner kronor.

Femtio av miljonerna kom från Skandia – kyrkan var välför-säkrad – och Katarinabranden blev en av bolagets sista stora sakskador innan den verksamheten avyttrades till If.

OVERLEAF: "The church is on fire!" In the early hours of 17 May 1990 one of Sweden's best-known churches – Katarina kyrka in Stockholm – was grievously damaged by fire. The dome collapsed and the altar, pulpit, organ and bell tower all succumbed to the flames. All that survived were the outer walls and the church silver, which was rescued from the blaze.

Luckily, the original church drawings had also been preserved and were used by architect Ove Hidemark as the blueprint for the restoration. Five years later – and at a cost of SEK 230 million – the church had been restored to its former glory. Skandia's contribution of SEK 50 million (the church was fully insured) was one of its last major non-life payouts before it spun off its liability insurance operations to If.

Med vindar på 240 km/tim – 67 meter i sekunden! – vrålade orkanen Andrew in över södra Florida i augusti 1992. 26 människor omkom, 160 000 blev hemlösa och skadorna gjorde Andrew till USA:s värsta naturkatastrof. Orkanen åstadkom världens största försäkringsskada före terrorattacken på World Trade Center 2001, med utbetalda ersättningar på över 200 miljarder kronor. Skandias andel var hela 550 miljoner kronor – en rejäl smäll under ett år som redan var ekonomiskt kärvt.

När oljetankern Exxon Valdez i mars 1989 gick på grund utanför Alaska orsakades en av världens mest omfattande miljöskador. 2 800 havsuttrar, 300 sälar, 250 havsörnar, 20 späckhuggare och en kvarts miljon sjöfåglar var några av de kletiga offer som flöt i land längs den 160 mil långa kusten. Oljekoncernen Exxon Mobil dömdes 2004 att betala drygt 30 miljarder kronor för saneringen och omkring en halv miljard till lokalbefolkningen, som inte längre kunde fiska i området. Det mesta av kostnaderna drabbade försäkringsbolag från hela världen, däribland Skandia. De juridiska striderna pågick ännu efter drygt femton år och den känsliga naturen hade inte återhämtat sig.

Hurricane Andrew hit the coast of southern Florida in August 1992 with winds of 240 kilometres per hour, killing 26 people and making 160,000 homeless. The devastation was the worst in US history. Prior to the terrorist attacks on the World Trade Center, Hurricane Andrew was – at more than US$ 20 billion – the insurance industry's largest loss event. Skandia's liability totalled US$ 60 million, a heavy blow in an already difficult financial year.

The Exxon Valdez oil spill in March 1989 off the Alaskan coast was one of the world's worst environmental catastrophes. Caught up in the toxic slick were 2,800 sea otters, 300 seals, 250 bald eagles, 20 killer whales and a quarter of a million seabirds. Some 1,600 kilometres of coast were contaminated and the highly sensitive ecosystem has yet to recover. Oil giant Exxon Mobil was in 2004 ordered to pay more than US$ 4 billion in damages towards the costs of the clean-up and a further US$ 500 million to local people for the loss of their fishing grounds. A large portion of these costs was borne by insurers around the world, including Skandia.

Trygghet och omsorg

Vårt oändliga behov av skyddsnät

"OM VARJE HUSTRU visste, vad varje änka vet — då vore varje äkta man livförsäkrad och hans efterkommande därigenom besparade många bekymmer."

Budskapet som livbolagen trummade ut för drygt hundra år sedan var inte bara reklam, utan en djupt känd oro inför en ojämlik situation där de välbärgade tecknade försäkringar, medan de mest utsatta och behövande familjerna inte hade något sådant skydd.

De privata försäkringsbolagen tillgodosåg snabbt medelklassens behov av trygghet — men det var uppenbart att frågan inte skulle kunna lösas på samma sätt för hela befolkningen. Staten behövde skapa ett grundskydd.

Ledande försäkringsmän stödde utvecklingen av det offentliga socialförsäkringssystemet med allmän pension och obligatorisk olycksfallsförsäkring. I många fall var det just direktörer som Sven Palme på Thule, Adolf af Jochnick på Trygg och Gustaf Lagerbring på Skandia som initierade och drev på reformerna, trots att dessa på papperet begränsade bolagens möjligheter.

Sverige är i dag ett av världens tryggaste länder. Trots nedskärningar och knakande välfärdssystem har vi internationellt sett ett ovanligt gott skydd, som skapats av både allmänna medel och privat sparande. Staten och försäkringsbolagen har dragit åt samma håll, även om balansen har varit ömtålig; Sven Palme varnade redan på 30-talet för att den offentliga socialförsäkringen kunde bli en gökunge som tog över allt mer, och ända in på 1960-talet levde branschen under hot om förstatligande.

I dag är det snarare privata kompletteringar som tar vid där staten inte längre räcker till; det gäller inom sjukvården där Skandias samarbete med Sophiahemmet har öppnat för nya lösningar.

Det gäller också i hög grad pensionsförsäkringarna, som med åren har kommit att överskugga livförsäkringarna. Precis som 1900 arbetar vi till 60–65 års ålder, men vi lever i snitt 20–25 år längre än då. Att få pengarna att räcka till ett långt och aktivt liv har blivit lika viktigt som att skapa ett ekonomiskt skydd vid en för tidig död.

Tryggare kan ingen vara – än så länge.   Safe and sound at the start of life's journey.

Security and Welfare

Our never-ending need for a social safety net

"IF EVERY WIFE knew what every widow knows, then every husband would have life assurance and save his surviving dependents a great deal of trouble." This oft-repeated message from life assurance companies more than 100 years ago was not just an advertisement. It reflected a deep-rooted concern over the inequalities that enabled the well-to-do to purchase insurance while the most vulnerable and needy families had no protection at all.

Private insurers were quick to meet the needs of the middle-class for greater financial security, but it was clear that alternative ways had to be found to reach the masses. A basic state-funded safety net was seen as essential.

Leading insurance industry figures supported the development of a public social insurance system spanning state pensions and compulsory accident insurance. Company presidents such as Sven Palme at Thule, Adolf af Jochnick at Trygg and Gustaf Lagerbring at Skandia spearheaded these reforms, even though they appeared superficially to limit insurers' freedom of movement.

Despite cutbacks and other pressures, Sweden's social security provision – founded on a combination of state funding and private saving – stands up well to international comparison. Together, insurance companies and the state have moved social welfare provision forward, though not without tensions at times. Back in the 1930s, Sven Palme warned that state-funded insurance might erode the role of private insurers, while a threat of nationalisation hovered menacingly over the industry until the 1960s.

In fact, today's reality is that private alternatives are gaining ground in areas where the state can no longer afford to play a full role. This is the case in the healthcare sector, where Skandia's co-operation with Queen Sophia Hospital has opened new possibilities.

It is also true of pension plans, which have gradually come to overshadow life assurance. Nowadays we work until we reach the age of 60–65, just as we did 100 years ago. The difference is that we live an average of 20–25 years longer now than we did then. Funding a long and active life has become just as important as providing for one's premature demise.

Rakning på Östertälje ålderdomshem, Södermanland.   A resident of an old people's home in Södermanland gets a shave.

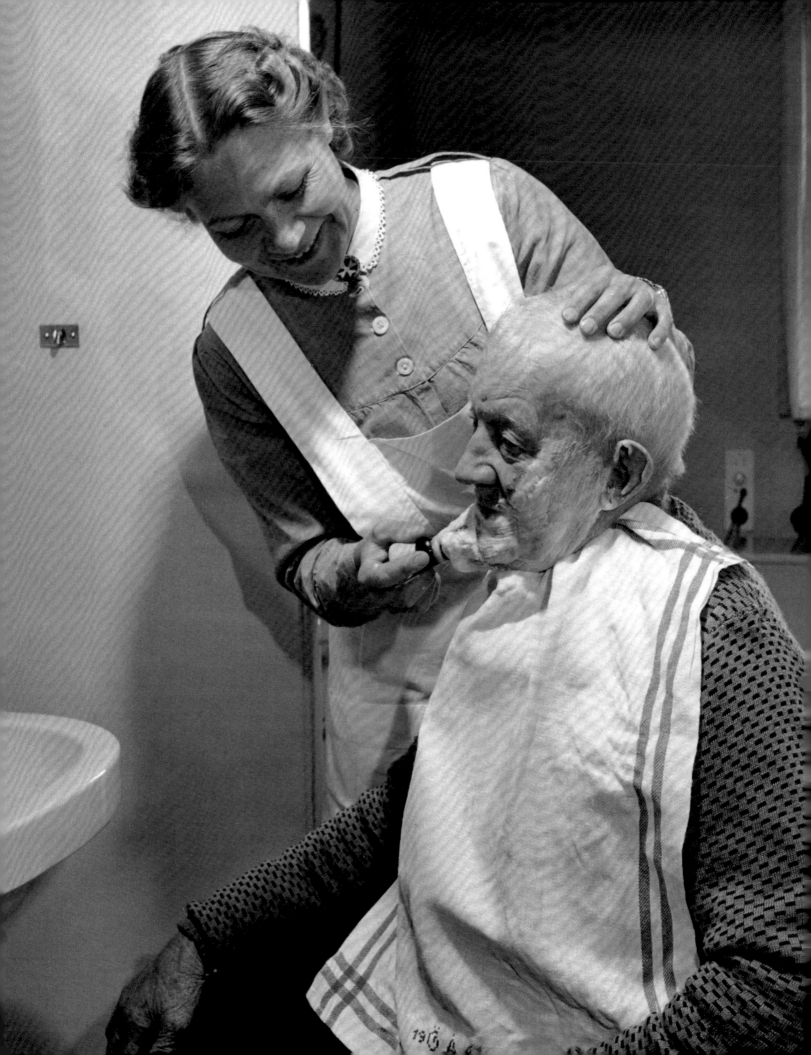

I säkra händer. Redan i slutet av 1930-talet var det vanligt att familjer tecknade barnförsäkringar som tillägg till liv- och olycksfallsförsäkringar. Efter andra världskriget ingick särskilda barn- och ungdomsförsäkringar i Skandias utbud.

In safe hands. By the early 1930s it was common for families to add child insurance to their life and accident insurance policies. After World War II Skandia extended its product portfolio to include specific child and youth insurance policies.

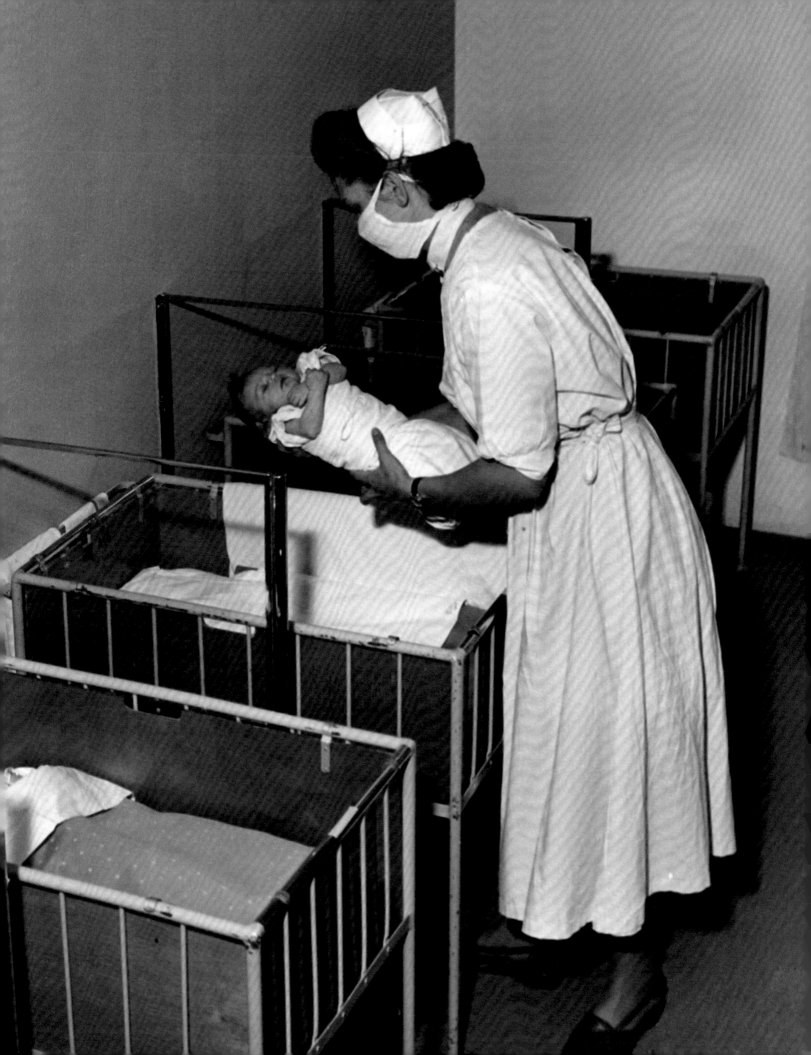

När barnbidragen infördes i Sverige 1937 var de inkomstprövade och begränsade till faderlösa barn och barn till förtidspensionärer. Men från 1948 utbetalades allmänna barnbidrag – 260 kronor per barn och år – till alla; ett syfte var att uppmuntra ett ökat barnafödande. Samtidigt avskaffades de allmänna skatteavdragen för barn. Skandia delade från 1941 ut 500 kronor till sina anställda när de fick barn.

För hundra år sedan kom bidragen till barn och deras familjer ofta från kyrkor och välgörenhetsorganisationer. Den ideella föreningen "Mjölkdroppen" – en föregångare till barnavårdscentralerna – delade bland annat ut närande mjölk till fattiga spädbarnsfamiljer. År 1900 dog vart tolfte svenskt spädbarn; ännu i början av 1930-talet var en tredjedel av landets barn undernärda.

When child benefit was introduced in Sweden in 1937, payments were means-tested and restricted to fatherless children and those whose parents were on sickness or disability pensions. But in 1948 a general annual child allowance of SEK 260 per child was introduced in attempt to encourage larger families. From 1941, Skandia gave all employees a cheque for SEK 500 when they had a child.

Churches and charities were the main source of financial assistance for children and their families 100 years ago. The non-profit Drop of Milk association, a forerunner of today's state child welfare clinics, distributed nutritious milk to poor families with young children. In 1900, infant mortality claimed the lives of one in 12 Swedish babies, and 30 years later one third of the country's children remained undernourished.

Lort-Sverige skrubbas bort med gemensamma krafter i badbaljorna i Nicolai folkskola i Gamla stan, Stockholm. Året är 1907.

Daghemmen har tre olika föregångare: dels barnkrubbor som startades i mitten av 1800-talet för barn till fattiga mödrar som var tvungna att försörja sig, dels barnträdgårdar som i början av 1900-talet var pedagogiska inrättningar för medel- och överklassbarn. Dessutom ordnade många företag själva barnomsorg för sina anställda.

NÄSTA UPPSLAG: Blir du mätt, lille vän? Hälsovård och lunch är exempel på omsorg som sköts av grundskolan. 1937–65 fick kommunerna ett särskilt statsbidrag för att ordna skolmat, som tidigare ofta bestått av medhavda smörgåsar. Måltiden skulle vara kostnadsfri, bestå av lagad mat och ge en tredjedel av det dagliga behovet av föda.

You scratch my back, and I'll scratch yours: Bath time at Nicolai Elementary School in central Stockholm in 1907.

Today's day-care centres trace their roots to the children's nurseries founded in the mid-1800s for children of poor mothers who needed to work and to the kindergartens for middle-class and upper-class children that appeared half a century later. Many companies arranged private childcare for their employees.

OVERLEAF: Do you get enough to eat? Swedish primary and secondary schools are obliged to provide lunch and basic health care. From 1937 to 1965, Swedish municipalities received a special government grant designed to enable them to provide nutritious school lunches (which in the past used to consist mainly of sandwiches from home).

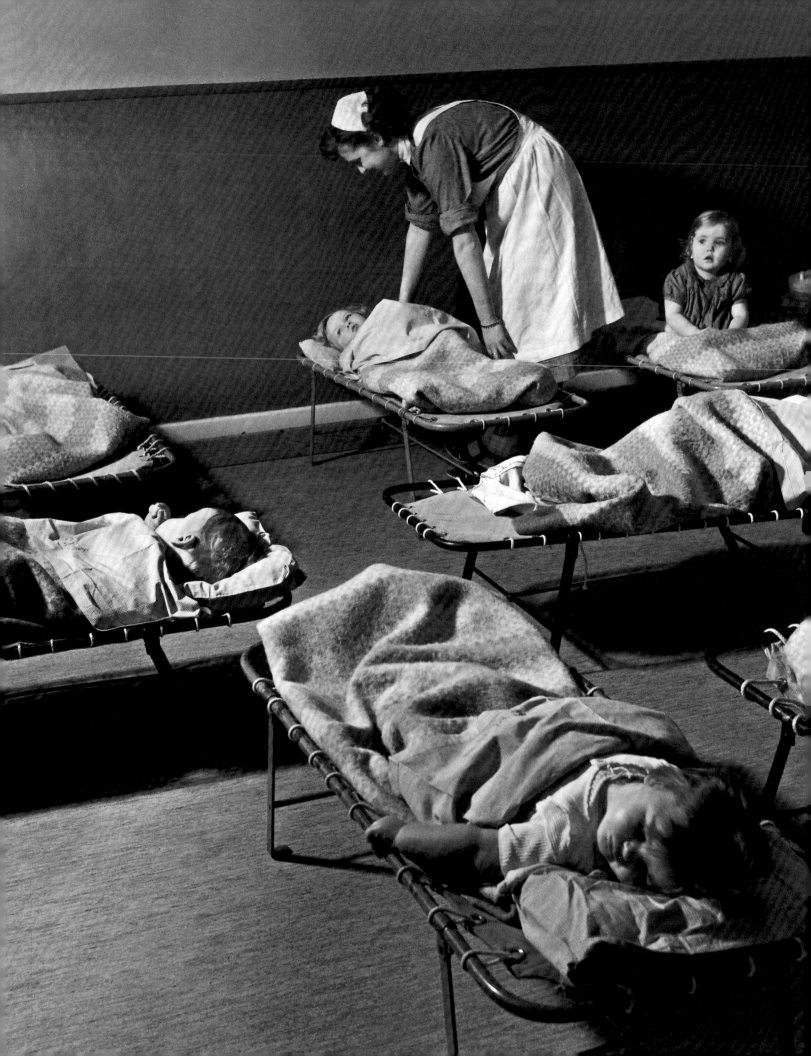

Lungtuberkulos, TBC, var oerhört smittsam, mycket dödlig och obotlig. Den fruktade lungsoten var kring år 1900 den vanligaste dödsorsaken i Sverige bland yngre och medelålders. Detta gällde i hög grad även försäkringsbolagens kontorister; luften var inte den bästa i de ofta trånga och unkna våningarna.

Först med Robert Kochs upptäckt av tuberkelbacillen 1882 kunde man på allvar göra medicinska, hygieniska och sociala insatser mot sjukdomen – i klartext: ordna frisk luft. Med pengar från Oscar II:s jubileumsfond kunde 1897 de första "folksana-torierna" uppföras, däribland Österåsen utanför Sollefteå. Sanatorierna förlades efter tysk förebild till platser med "hälso-bringande klimat".

Det främsta sättet att genomföra massundersökningar av miss-tänkt TBC-drabbade var skärmbildsundersökningar. Röntgen-strålarna som passerat genom kroppen träffar en fluorescerande skärm där en synlig bild kan fotograferas av. Metoden användes in på 1970-talet.

Infectious and incurable tuberculosis was the commonest cause of death among young and middle-aged Swedes at the turn of the last century. Insurance workers, often confined to overcrowded and damp offices, were no exception.

Robert Koch's discovery of the tuberculosis bacterium in 1882 allowed the authorities to launch a medical, hygienic and social assault on the disease – through better access to fresh air. The first sanatoria appeared in 1897 and, as in Germany, were built in locations that offered a "restorative climate".

The primary technique for the mass screening of suspected tuberculosis victims was to project X-rays through the body and onto a fluoroscopic screen behind, from which a picture of the lungs was taken. This method remained in use until the 1970s.

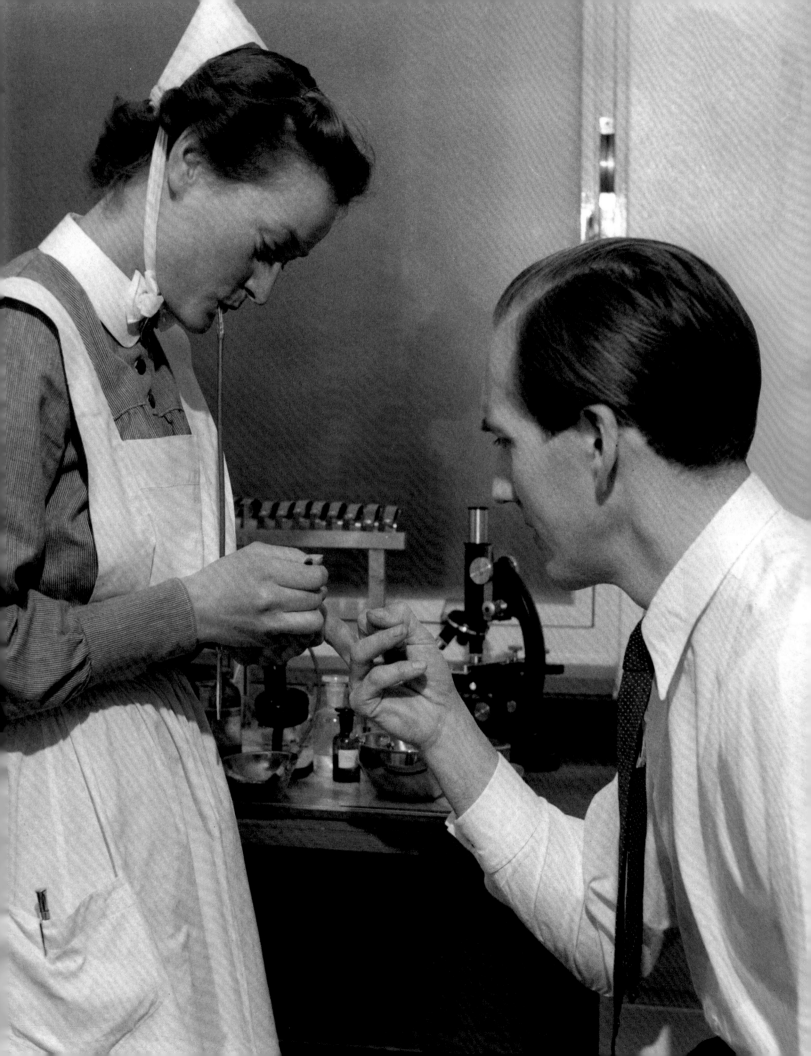

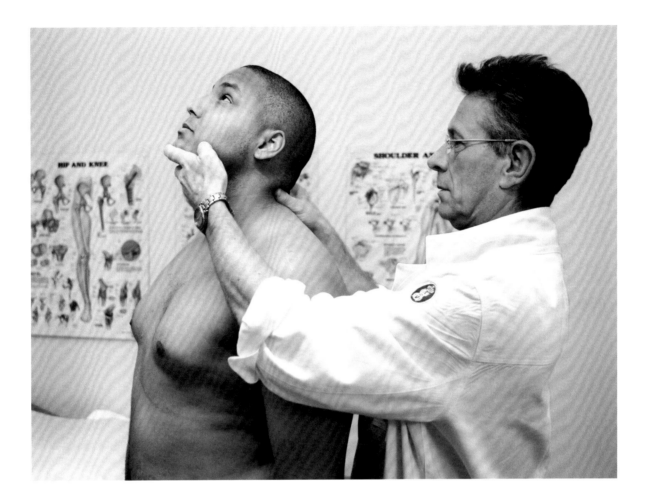

Företagshälsovård blev ett viktigt instrument för folkhälsan under 1900-talet. Här är sjuksyster i full färd med en hälsokontroll på Thules huvudkontor i början av 1950-talet.

På senare år har många företag tecknat särskilda vårdavtal med läkarhus och sjukhem. Startpunkten var Skandias avtal med Sophiahemmet i Stockholm, som erbjuder snabb vård för kunder med privat sjukförsäkring.

FÖREGÅENDE UPPSLAG: Fattiga, obotligt sjuka och vanföra barn fick från 1879 bostad, vård och arbete på Eugeniahemmet i Solna. Barnen levde isolerade från omvärlden med sina sköterskor. Flickorna lärdes upp till sömmerskor och pojkarna till skomakare eller skräddare.

Workplace healthcare steadily gained in importance during the 20th century. Here, a nurse is performing a patient check-up at Thule's head office in the early 1950s.

In recent years many companies have signed special contracts with health care centres and clinics – a trend that Skandia initiated when it entered into an alliance with Stockholm's Queen Sophia Hospital, which offers medical services to private patients.

PAGES 96–97: Poor, incurably ill and disabled children received care, a roof over their heads and paid work at the Eugeniahemmet home in Stockholm. The home opened in 1879 and the children there lived a sheltered life under the watchful eye of their nurses. Girls were trained as seamstresses and boys as shoemakers or tailors.

Folksjukdomar ser olika ut under olika tider. Spanska sjukan var den då svåraste epidemi som drabbat västvärlden sedan diger-döden på 1300-talet. Influensan – som påminde om kraftig lung-inflammation – härjade 1918–20 och bedöms ha skördat 20 miljoner liv. I Sverige avled nära 40 000 människor. Framför allt drabbades yrkesarbetande personer i åldern 20–40. Många hade just börjat betala premier på sin livförsäkring; 1918 blev det enda året som Skandias livförsäkring gick med förlust. Bilden är från Göteborgs sjukhus.

I dag sprids de vanligaste sjukdomarna inte via bakterier eller virus. När tempot och kraven ökar ligger stressen på lur. Stress kan vara positiv och ge kraft och energi, men negativ stress är en av vår tids stora hälsofaror – med både fysiska och psykosoma-tiska symptom. Utan åtgärd riskerar drabbade att bli så utbrända att de varken orkar arbeta eller leva ett normalt liv. Skandia har länge stött forskningen kring problemet och bland annat samar-betat med professor Lennart Levi, vars standardverk *Stress och hälsa* under 40 år har distribuerats i sammanlagt 1,5 miljoner ex.

A variety of diseases have caused international epidemics down through the ages. Spanish flu, the worst pandemic to hit the West since the Black Death in the 14th century, was an acute form of pneumonia estimated to have claimed 20 million lives between 1918 and 1920. Close to 40,000 people died in Sweden alone. Most susceptible were people aged 20 to 40, many of whom had just signed life assurance policies. Skandia's life assurance business has made just one annual loss in its history – and that was in 1918. This photograph was taken at Gothenburg Hospital.

Nowadays, the most prevalent diseases are not spread by bacteria or viruses but arise from the stress of everyday life. Stress can be positive, but negative stress is one of the great health hazards of our time and can cause physical and psychosomatic symptoms alike. Without treatment, victims may end up being unable to work or lead a normal life. Skandia has long supported research in this field with the assistance of professor Lennart Levi, whose main work *Stress: Sources, Management And Prevention* has sold 1.5 million copies since it was first published 40 years ago.

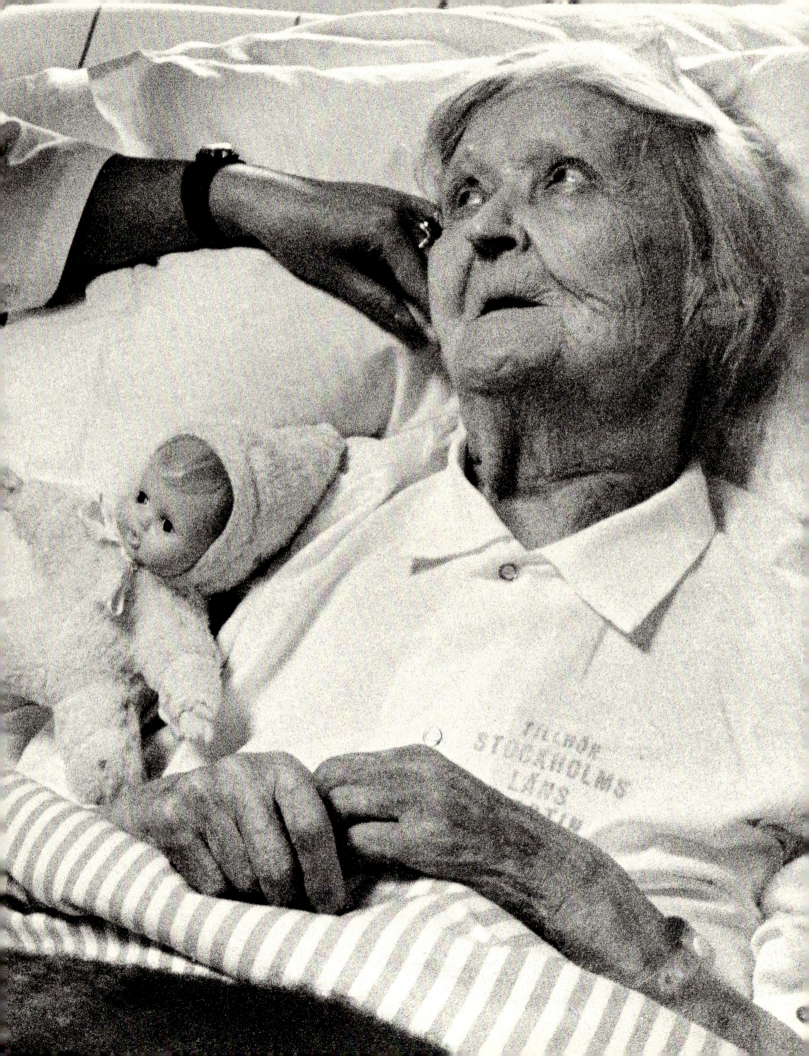

Vi lever i dag ett friskare och rikare liv än tidigare generationer, som ofta slutade sina dagar i sysslolöshet på ålderdomshem som bara till namnet skilde sig från den gamla fattigstugan. I dag sover inte ett dussin åldringar på halmmadrasser i en stor sal. Men många är också ensammare än någonsin, inte minst i livets slutskede. Det är länge sedan gammelmormor tynade bort i utdragssoffan omgiven av barn, barnbarn och barnbarnsbarn.

We lead healthier, richer lives than our forebears, who often ended their days in institutions that were scarcely better than the old poorhouses. Today, old people no longer have to sleep on straw mattresses, a dozen to a room. Yet many feel more alone than ever before – especially in the twilight of their lives. The days when great-grandmothers passed quietly away surrounded by three generations of children are long gone.

Gärna styv kuling på förmiddagspasset – men först en rejäl pension! Sverige införde som första land i världen allmän folkpension 1913. Beloppen var länge blygsamma, ända till efter andra världskriget utgjorde ålderspensionärerna fattigvårdens huvudgrupp. ATP började utbetalas 1963, olika former av tjänstepensioner har tillkommit – men framför allt har de flesta svenskar under de senaste decennierna drygat ut sina inkomster med privata pensionsförsäkringar. Våra äldre dagar blir allt fler, och 93-åringar, som här Elsa Nordberg, spelar också golf.

A nice stiff wind – a good pension too! Sweden in 1913 became the first country to introduce a comprehensive state pension scheme. Payments were fairly meagre for several decades. Indeed, old-age pensioners were still the main recipients of poor relief even after World War II. The supplementary ATP pension scheme was launched in 1963 and different forms of occupational pension have emerged since then. The major change down the years has been that most Swedes now supplement state provision with private pensions. Longevity is increasing and nowadays even golf is feasible when you're 93 years old like Elsa Nordberg.

Vår yttre miljö är också något att värna om för framtiden. Skärgårdsstiftelsen, som arbetar långsiktigt för en levande skärgård, är ett exempel på en organisation som genom åren har stötts ekonomiskt av Skandia.

En tryggare uppväxtmiljö för barn och ungdomar är ett av målen med Skandias stiftelse "Idéer för livet", som sedan 1987 stöder projekt och organisationer som genom förebyggande arbete bidrar till att skapa ett bättre samhälle. Bland de hundratals som stötts finns handikappsegling, nattvandrargrupper, Fryshuset i Stockholm, Farsor och morsor på stan och allaktivitetshus för tjejer.

Our environment is something we need to protect. Skandia has for example helped to fund the Archipelago Foundation in Stockholm, which works to maintain an active society and a clean marine and land environment on the network of islands offshore from the capital.

Ideas for Life is a Skandia initiative that since 1987 has lent support to projects and organisations that work to create a better society and improve the lives of children and young people. Activities supported include sailing for the disabled, anti-crime and parent patrols, the Fryshuset youth cultural centre in Stockholm and special activities for girls.

Hem och familj

Från fäbod till förort

VÅRT BOENDE SPEGLAR vår samtid; bebyggelsens årsringar skvallrar om det senaste seklets fullständiga omvälvning på hemmafronten. Vi har flyttat från backstugor och bondgårdar till bruksorter och städer. Vedspisar, visthus och avträden har ersatts med kylskåp, wc, sopnedkast, centralvärme och mikrovågsugn.

Mitt hem är min borg, oavsett om det är ett torp, ett radhus eller ett slott. Behovet att skydda hus och familj är evigt, men tyngdpunkten varierar. På 1800-talet var eldsvådor den största faran, kring 1900 blev försäkringar mot arbetsskador vanliga. När egnahemsvillorna spikades ihop på 1930-talet efterfrågades en rad försäkringar mot vattenskador, ohyra, inbrott och brand; lösningen blev hemförsäkringen.

Under efterkrigstidens ekonomiska boom sköt bilförsäkringen i höjden som en sputnik och reseförsäkringen växte i takt med chartersemestrandet.

På 1950-talet lades det ned två svenska jordbruk om dagen, och strömmen av människor som sökte sin framtid i stan sinade aldrig. Sovstäder vällde fram ur leriga fält, men bostadsbyggandet kom ändå inte i kapp köerna.

De senaste decennierna har vi åtnjutit ett relativt gott välstånd och känt trygghet för stunden. Vi har i stället riktat blickarna mot en osäker framtid, och placerat besparingar i pensionsförsäkringar och fonder.

Familjens utseende – och därmed behov – har förändrats de senaste 150 åren. Storfamiljen med tre, fyra generationer (plus tjänstefolk) under samma tak gled över i kärnfamiljen, som senare klövs i komplicerade släktskap och oklara samhörigheter, inte minst ekonomiskt. De gamla skyddsnäten är i dag mindre självklara.

Under ett par decennier, 1930–70, var hemmafrun den kvinnliga normen. Den förvärvsarbetande kvinnans ekonomiska frigörelse från mannen påverkade socialförsäkringarnas utveckling, och försäkringsbolagen mötte kvinnornas krav på självständighet och jämlikhet med särskilda satsningar. I dag utgör kvinnorna en majoritet av pensionsspararna, även om männen ofta sätter av mer pengar.

Jordbrukarfamilj på väg hem från fältet, Uppland 1924.

A family of farm labourers going home at the end of a day in the fields, Uppland, 1924.

Home and Family

From rural shacks to leafy suburbs

NOTHING REVEALS MORE about our way of life than the communities and homes in which we live. Here, Swedes have witnessed a rapid transformation in the course of the last century. We have moved from rural cottages and farmsteads to industrial towns and cities. Privies, hay lofts and wood-fired stoves have given way to refrigerators, lavatories, central heating and microwave ovens.

Our homes – whether a ramshackle cottage, terraced house or country mansion – remain our castles. Our need to protect our families and property is eternal, even though the priorities change with the years.

In the 19th century, fire was the central hazard to insure against. From around 1900, occupational injury insurance took on a central focus. And when people in their tens of thousands began to build new homes in the cities in the 1930s, insurance against flooding, vermin, burglary and fire became popular. Home insurance was born.

The economic surge in the post-war era put wind in the sails of the growing motor insurance sector, while travel insurance surfed on the wave of a package holiday boom. During the 1950s, Swedish farms closed down at the rate of two per day as a continual stream of people sought better futures in the cities. Dormitory towns rose up from the once-tilled fields, yet the rise in home construction could still not keep pace with demand.

In recent decades we have enjoyed prosperity and security. But the future remains uncertain and we are now investing our savings in pension plans and unit-linked assurance.

Family structures have changed greatly in the last 150 years, and financial needs have evolved with them. Extended families of three or four generations (plus servants) living under the same roof gave way first to the nuclear family and then to the amorphous configurations we know today. The old safety nets are no longer so apparent.

In 1930–1970, becoming a housewife was the female norm. But as women achieved financial independence, insurers moved swiftly to meet this new group. Women now outnumber men as private pension plan holders, though men generally invest larger sums.

En kärnfamilj av 60-talstyp avnjuter sin frukost.　　　　A typical family breakfast table scene in the 1960s.

Hemmets härd var guld värd när kylan bet kring knutarna på arrendator Norbergs spisstuga i Bruksvallarna i Härjedalen. Här hade generationer tillbringat kvällarna i samspråk och arbete.

Någon organiserad barnomsorg fanns inte på 1930-talet i byn Sågmyra utanför Falun. Men lantbrevbärare Valfrid Samuelsson, som själv tagit fotografiet, löste det ändå med sonen Tore i potatisspannen.

NÄSTA UPPSLAG: Vårt dagliga bröd – och inte så mycket mer – skärs upp till kvällsvarden i folkstugan. Bilden, som kunde ha varit målad av Rembrandt på 1600-talet, togs 1902 i Västra Klagstorps socken, Oxie härad, Skåne.

The hearth was worth its weight in gold on cold winter's nights. For generations, members of the Norberg family from a hamlet in northern Sweden had congregated round this fireplace to while away the long, dark evenings.

Small villages had no child care system in the 1930s. But rural postman Valfrid Samuelsson, who took this photograph, had his own handy method for keeping an eye on his son.

OVERLEAF: Give us this day our daily bread ... and not a whole lot else. This scene looks like something from a 17th century Rembrandt but was photographed in 1902 in the parish of Västra Klagstorp in Scania.

Svenskt nybyggarland 1899. Anders Petter och Ingeborg Söderberg med fyra av sina barn utanför bostaden som byggts av kasserade bräder och isolerats med fjälltorv. På armen bär Anders Petter det första barnet som fötts i Kiruna – en flicka som fått just namnet Kiruna. Behovet finns, men familjen har ingen livförsäkring, inte heller el och vatten.

Swedish pioneers Anders Petter and Ingeborg Söderberg standing in 1899 with four of their children outside their home, built from old planks and insulated with turf. Anders Petter is holding the first-born child in the Arctic town of Kiruna, a girl named Kiruna. This was a family without electricity or running water, let alone life insurance.

Hembiträdet Lova står beredd att servera julkaffe i salongen hos konsul Schumburg på Villagatan i Stockholm. Det var i liknande miljöer som de flesta tidiga livförsäkringstagare återfanns – bland den nya övre medelklassen som hade skapats under industrialismens och grosshandelns uppsving.

Lova the maid is about to serve coffee at Christmas in the Schumburg's house in Stockholm. The early life assurance policy-holders came typically from such upper-middle class back-grounds. Industrialisation and the growth of wholesale trading had brought prosperity to them and their peers.

Hemmafrun blev en parentes i svensk historia. Hon uppstod i stor skala på 1930-talet, då hundratusentals familjer flyttade från olönsamma småjordbruk till städernas fabriker. Mannen blev lönearbetare och kvinnan tog hand om hus och barn. Epoken nådde sin kulmen på 1950-talet, med 1 379 000 hemmafruar. I slutet av 1960-talet var de inte längre normen, och de leende kvinnorna i förkläde försvann ur tidningarnas annonser.

Kylskåp och dammsugare hade redan blivit vanliga, tvättmaskinen var på väg in i hemmen, hushållsassistenten snurrade flitigt och 1957 lanserades ännu en oumbärlig hushållspryl: det elektriska våffeljärnet. De hemarbetande kvinnor som trots maskinerna blev utschasade kunde 1946–79 ansöka om husmorssemester – några dagars subventionerad vila på semesterhem.

The housewife was a transient figure in Swedish history. She emerged in earnest during the 1930s as hundreds of thousands of families relocated from uneconomic rural smallholdings to industrial towns. In the 1950s housewife numbers peaked at 1,379,000 but by the end of the following decade were in rapid decline. Before long, the smiling apron-clad women in the magazine advertisements disappeared altogether.

Refrigerators, vacuum cleaners and kitchen mixers were commonplace, while washing machines were on their way in. In 1957 came a new, indispensable piece of culinary equipment: the electric waffle iron. Despite all the mod cons, housework could be exhausting and from 1946 to 1979 a government scheme allowed fatigued housewives to apply for a few days' subsidised rest at special holiday homes.

Det blev en pojke – klart att grabben ska ha en polisbil. 1965 var det ännu inte självklart att mor och barn inledde sitt symbiotiska förhållande redan på BB, än mindre att pappa var med om förlossningen.

På 1950-talet började de första hemmafruarna söka sig ut i yrkeslivet. Ofta på deltid, som det trettiotal "betrodda hemmafruar" som arbetade extra åt Skandia.

It's a boy ... so let's give him a police car. In 1965, it was not until mother and baby left the hospital maternity unit that they could be together all the time. It was even less common for fathers to witness births.

The 1950s saw housewives beginning to seek employment outside the home. Many worked part-time, such as this woman employed by Skandia.

När mamma är på jobbet är det allt oftare pappa eller mormor som tar hand om barnen efter skola och dagis. Sverige ligger i världstopp när det gäller hushåll med två yrkesarbetande föräldrar. Ännu är det mamman som är hemma i särklass mest när barnen är små – men sakta men säkert ändras siffrorna. Hälften av papporna till barn födda 1993 tog inte ut en enda dags föräldraledighet. Sedan en öronmärkt pappamånad infördes i föräldraförsäkringen 1995 har utvecklingen svängt. I dag är det en majoritet av de nyblivna fäderna som tar ut åtminstone tre månader tillsammans med sitt barn.

These days, when mum is at work it tends to be dad or the grandparents who mind the children after nursery or school. Sweden leads the world in the proportion of families with double incomes. Mothers still spend the bulk of the time at home with the children when they are small but the pendulum is slowly swinging. Half of all fathers of children born in 1993 took no paternity leave at all. But the introduction of a mandatory "daddy month" in 1995 turned the tide and a majority of fathers now take at least three months off work to care for their infant offspring.

Vräkningar var en vardaglig syn på 1920-talet. Orsaken kunde vara en hyresskojare som kastar ut de rättslösa boende, som här på Blekingegatan 20 i Stockholm, eller oftare en familj som inte längre kunde betala hyran. Arbetslöshetsförsäkringar fanns ännu inte, och om mannen – familjeförsörjaren – avled så gällde det att han hade tecknat livförsäkring. Annars blev det kärvt för de efterlevande.

Evictions were a common sight in the 1920s. Sometimes they were due to unscrupulous landlords exploiting families' lack of legal protection (as in this photograph from central Stockholm) but more often tenants were ejected when they fell behind on the rent. Unemployment insurance was unheard of in those days, and if the family breadwinner died life could be bleak for those left behind – unless he had life assurance.

Lokförarfamiljen Harry och Viola Wiltman med tre barn stod inte ut i sin lilla etta i Sundbyberg, så när våren kom flyttade de hellre ut i ett tält. Inflyttningen till Stockholm var i början av 50-talet så stor att annonskampanjer varnade för den skriande bostadsbristen i huvudstaden. Och det som fanns var mest trånga lägenheter i utslitna 1800-talskåkar, kallt vatten och utedass.

Engine driver Harry Wiltman, wife Viola and their three children were so cramped in their tiny one-bedroom flat in the Stockholm suburb that they moved into a tent instead. The mass influx of people to Stockholm in the early 1950s forced the authorities to run advertising campaigns warning of dire housing shortages. Those lucky enough to find somewhere often had to make do with outside toilets and no hot water.

Lycka är att bygga på det egna huset. Tusentals familjer förverkligade drömmen om att spara, låna och kunna flytta från den unkna slumkåken i innerstaden till egen täppa i friska förorten. Egnahemsbyggandet, som inletts 1904 för att förmå lantarbetare att inte utvandra eller flytta till stan, tog fart på 1930-talet. Ändlösa rader med prefabricerade småhus monterades ihop i nyinköpta områden i städernas utkanter. Dessa "sockerlådor" med tre rum och kök på 50–70 kvadratmeter blev de verkliga folkhemmen.

Happiness is building your own home. Thousands of families managed to save and borrow enough cash to move from dank, slum-like housing in city centres to a place of their own in the bright new suburbs. Owner-builder schemes were launched in 1904 to encourage countryside dwellers not to move en masse to the cities, and these grew rapidly in the 1930s. Endless rows of small prefabricated houses were erected and proved highly popular with the new suburban classes.

På 1950-talet revs i städerna för att skapa luft och ljus – varu-hus och kontor; stadsbor och nyinflyttade fick bli pendlare. Fast kvinnan som 1956 promenerade med sin barnvagn fick vänta i åtta år innan tunnelbanan nådde Fruängen. Rekordårens rekord-bygge var annars Täby med Grindtorps väldiga cirkelbågar och 16-våningshusen i Näsbydal med balkongutsikt över sovstadens nya centrum.

Trots alla nya satellitstäder stod 400 000 svenskar i bostadskö 1964. Socialdemokraterna gick till val på löftet att bygga en miljon bostäder på tio år. Starten blev trög, men sedan var det gasen i botten med områden som Hammarkullen, Råslätt, Tensta, Angered, Rosengård och Hallonbergen. Samtidigt blev det mycket förmånligt att bo i villa, varför många hellre valde småhus än höghus. Med halvtomma miljonlängor drogs handbromsen åt 1970, men 1974 gick programmet ändå i mål. Vallöftet var upp-fyllt – 1 006 000 lägenheter. För att bekosta denna enorma samhällsinvestering tog staten bland annat ut avgifter från liv-försäkringsbolagen.

Towns and cities in the 1950s were remodelled to create space and light ... as well as shops and offices. City dwellers moved out and became commuters, though the woman in this picture taken in 1956 had to wait eight years for the underground system to reach her Stockholm suburb of Fruängen.

Despite big house-building projects and the construction of new suburbs and satellite towns, 400,000 Swedes were still awaiting a place to live in 1964. The Social Democrats ran a general elec-tion campaign pledging to build a million flats in ten years. After a slow start, construction work picked up pace. The snag was that as home ownership became more affordable, many people moved into houses rather than the new high-rises. New blocks of flats were left half-empty and the expansion slowed, though the goal of 1 million new units was reached in 1974 – bang on schedule. The government helped to finance the building boom by levying fees on life assurers.

På 1940- och 1950-talet gick Skandia ut med tips om hur man kunde skydda sitt hem mot inbrott, till exempel genom att sätta fast nyckeln i en fiffig snara så att tjuven inte kunde stoppa in ett papper under dörren, peta ut nyckeln ur hålet och dra ut den under dörren på papperet.

Ibland måste tjuvar som brutit sig in även bryta sig ut – när de ertappas av hyresgästen. Den här tjuven smet upp på taket, hoppade ned på en balkong, bröt sig in i en ny lägenhet. Mängder av poliser dök upp och fällde en brandstege mot huset, varpå tjuven försökte fly den vägen. Omringad av poliser på stegen släppte han taget, föll femten meter – och greps, oskadd men förbannad.

In the 1940s and 1950s Skandia provided helpful hints on how to guard against burglary. Among the tips was to tie a noose through the key to deny burglars their favourite trick, namely dislodging it from the lock and then pulling it out from under the door on a sheet of paper.

Breaking out after breaking in. After being caught red-handed, this burglar climbed onto the roof, jumped down onto a balcony and forced his way into another flat. A squad of police arrived at the scene and used a ladder to try to apprehend the villain, only for the burglar to use it as his escape route. Surrounded by police, he lost his grip and plunged 15 metres onto the ground. Miraculously unharmed, he was swiftly apprehended.

Fritid och semester

Bil, bad, båt och jakten på livets mening

"FRITID ÄR DET bästa ting, som sökas kan all världen kring." Så kunde biskop Tomas ha skaldat sin klassiska frihetssång i dag.

För fritiden har under 1900-talet gjort raketkarriär; med dess hjälp har vi laddat batterierna, roat oss och upptäckt världen – ja, nästan sökt meningen med livet.

Förr fick man på sin höjd släppa plogen för att gå i högmässan. Även i industrialismens barndom bestod livet enbart av arbete, mat och sömn. När fritiden med lagens hjälp började breda ut sig betraktades den som en lättjefull paus i det dagliga knoget.

Med växande välstånd och ökad social trygghet har fritiden börjat bli huvudsaken, medan arbetet reducerats till ett sätt att skrapa ihop de pengar som vi sparar i fonder, bankkonton och pensionsförsäkringar för att kunna sätta guldkant på ledigheten.

Man kan hosta om sviktande arbetsmoral och påpeka att samhället snarare behöver fler som jobbar mer och längre. Attitydförändringen är ändå tydlig, särskilt i Sverige.

Men att vara ledig är att vara kluven. Vi ska vila upp oss och göra allt vi inte hunnit under året; vi ska vandra i fjällen och vindsurfa på Hawaii och prova vin i Toscana och sänka golfhandikappet och odla rosor och få färdigt altanen; vi ska rå om varandra och umgås med grannar och kusiner och äntligen få ligga ifred i hängmattan.

De flesta av oss bor numera i stan, men längtar till landet (och ett diffust "förr"). Vi dras till vedspisar, utedass, gnisslande handpumpar, linoljefärg och verktygslådor, vi jobbar och sliter med våra sommarstugor och båtar – som om vi hade betalt för det.

Arbetsnarkomaner som Paulus och Luther må ha inympat en fritidsskeptisk inställning i våra förfäder. Men före dem hade faktiskt den gamle greken Aristoteles insett att arbete var något som hindrade människan från hennes viktigaste syssla, nämligen att bara tänka. Arbetet var visserligen nödvändigt för att skaffa mat, hus och kläder – men arbetets mål var den fria tid som behövdes för att vi skulle kunna leva ett fullvärdigt liv. Efter 2 300 år tycks cirkeln vara sluten.

Picknick och söndagstur med nya bilen – höjden av lycka 1953.   A Sunday outing in a new car – the next thing to heaven in 1953.

Holidays and Leisure

Cars, camping, cabins ... and the quest for the meaning of life

ONE AREA OF life that has changed dramatically during the last century is the amount of time we spend on leisure. During the early Industrial Revolution most people's lives consisted of working, eating and sleeping. There was little room for much else.

During the 1900s all that changed. Leisure time exploded and we used it to recharge our batteries, socialise and discover the world around us – explore the meaning of life.

Growing prosperity and improved welfare saw leisure become an end in itself, with work reduced to the act of scraping together our savings from mutual funds, bank accounts and pension schemes to maximise our enjoyment away from the workplace. One might mumble about a declining work ethic and society's need for more people to work more, rather than fewer to work less. But the shift in attitudes is plain, especially in Sweden.

All the same, leisure presents us with dilemmas. We're supposed to rest, but also to get round to everything we haven't had time for during the year. To combine windsurfing in Hawaii and wine tasting in Tuscany with lowering our golf handicap and finishing the new patio. To spend quality time with friends and family yet still find your own sanctuary in the garden hammock.

These days, most of us live in towns and cities yet hanker after the country and an opaque ideal of how things used to be. So, equipped with toolboxes, paint tins and gadgetry we spend hours building, refurbishing and maintaining our boats and summer cottages – working as if we were being paid for it.

History is full of celebrated workaholics, from St. Paul to Van Gogh. But Aristoteles had already identified work as a hindrance to the most important human activity of all – thinking. Work, he acknowledged, was necessary to put food on the table, buy clothing and ensure a roof over one's head. But its ultimate purpose was to achieve the spare time necessary for a fulfilling life. Some 2,300 years on, we seem to have come full circle.

Med hopp om en ljus framtid! Sist i är en ...   Last one in's a chicken.

Äntligen tid att se sig om i världen! Efter många års diskussion föddes den lagstadgade semestern 1938, då nästan alla svenska arbetstagare fick två veckors betald ledighet.

Man ska ha husvagn – om man så ska bygga den själv. 1951 gick det utmärkt att semestra med sin A-Ford och ett tält som restes på en släpkärra. Man slapp sova på den fuktiga marken och under trappen fanns det fiffiga primusköket monterat.

NÄSTA UPPSLAG: Far ror ... nej, hembiträdet ror, far fiskar och mor tittar på när handlare Hammarström från Sundby i Närke är på familjeutflykt i sin snipa i Hjälmaren. Fiskafänget denna tidiga 1900-talsdag har hittills bara gett en mört.

Time at last to see the world! After many years of debate, the Riksdag in 1938 introduced a two-week annual paid holiday entitlement for almost all Swedish workers.

Do-it-yourself caravanning: in 1951 a tent mounted on a trailer gave a perfect roof over your head when out travelling. It saved you from having to sleep on damp ground, while the all-important Primus stove fitted snugly underneath the step.

OVERLEAF: The Hammarström family, accompanied by the household maid, on a family boating excursion at Lake Hjälmaren in the early 1900s. Mr Hammarström has hooked a roach and reels in his catch.

Hjälmaren ligger spegelblank en vinterdag 1905. De söndags-
lediga skridskoseglarna väntar på rätt vind så de kan kasta sig ut
på tävlingsbanan med fyllda segel och fladdrande vimplar. Det
var först när landsbygdens befolkning började arbeta på fabrik
som skillnaden mellan arbete och fritid egentligen uppstod.

Lake Hjälmaren as smooth as a mirror on a winter's day in 1905.
Enjoying their Sunday off, the skaters await the right wind before
taking to the racetrack, their sails billowing behind them. Not
until people from the countryside started working in factories
did the division between work and spare time become formally
recognised.

Halva byn ryms på flaket på denna välpackade Packard. Kenneth Kretz rattar lastbilen med massiva hjul som lånats av Falu Ylle-fabrik till denna söndagsutflykt på Dalarnas grusvägar 1922. Några år tidigare – 1919 – har arbetarrörelsens krav på åtta tim-mars arbete, åtta timmars vila och åtta timmars fritid gått ige-nom, och den uppdelningen av dygnet är än i dag normen.

The back of this Packard truck, driven by Kenneth Kretz, had room for half the village on this Sunday daytrip along the roads of rural Dalarna. A few years earlier, in 1919, the government had bowed to the labour movement's demand for introduction of an eight-hour working day that also envisioned eight hours' spare time and eight hours' sleep.

Under krigsåren hade cykeln blivit det bästa – och ofta enda – sättet att komma hemifrån, det var bara att sätta sovsäcken på pakethållaren. Visst kom sällskapsresor med buss snart i gång igen, men pedalerna erbjöd större frihet. 1946 kostade det 6 kronor att försäkra en herrcykel i Skandia-Freja. En damcykel gick bara på 4 kronor per år.

Vem säger att det inte räcker med en cykel åt en fyrabarnsfamilj? Lars Georg Schwerin lastade hustrun Lisbeth och de fyra ungarna på tandemhojen och drog i väg på semester sommaren 1948.

During World War II bicycles were the best and virtually only way to get round and about. Coach travel would soon become a new option but pedal-power gave greater freedom. In 1946 it cost SEK 6 to insure a gentlemen's bicycle with Skandia-Freja, while a ladies' model cost just SEK 4.

Who says you can't get a family of six on one bicycle? Lars Georg Schwerin has helped wife Lisbeth and their four children onto the tandem at the start of the family's summer holiday in 1948.

Ordet fritid dök upp i svenska språket redan på 1820-talet, men det är först 1948 vi talar om "fritidsområde" och inte förrän 1958 vi får "fritidsproblem". Begreppet fritidsby kom 1965, men blev inte lika långlivat som camping.

Flatenbadet i södra Stockholm en sommardag i början av 50-talet. Ännu har inget charterplan lyft mot Medelhavets böljor. Och visst är det lika festligt och fullsatt och flämtande hett vid Flatens stränder. Här fanns sedan 1920-talet en av Sveriges första campingar där stockholmare tältade hela semestern, och sedan 30-talet rullade badbussarna hit från stan.

The words "recreation" and "leisure" were first coined in Swedish in the 1820s. But it wasn't until 1948 that we began talking about "recreational areas" and 1958 before we started discussing "leisure problems".

Flatenbadet beach in southern Stockholm on a summer's day in the early 1950s. This was still the pre-charter era but the heat and crowds look tailor-made for the Mediterranean. Flatenbadet was one of the country's first ever campsites and many Stockholmers spent their entire summer holidays under canvas here.

Försäljningen av fritidsbåtar – och småbåtsförsäkringar – börja-
de ta fart under mellankrigstiden. Den här motorbåten lastades
på flak för kundleverans framför varuhuset NK i Stockholm 1933.

Sales of private boats – and private boat insurance – took off in
earnest during the inter-war years. This motorboat outside the
NK department store in Stockholm is being loaded aboard a
truck for delivery to the customer.

Bilen kan nog – i hård konkurrens från tv:n – utnämnas till 1900-talets käraste ägodel. Efter andra världskriget fick så många råd med bil att det var lång väntetid på Volvos modeller. En Borgward Hansa 1500 var också värd en grundlig vårtvätt 1952.

The motor car (closely followed by the television set) was arguably the 20th century's most cherished possession. Demand for cars hit such heights after World War II that Volvo had to introduce waiting lists. This Borgward Hansa 1500 was the well-deserving recipient of a spring clean in 1952.

Svenskens själ är röd med vita knutar. Vi längtar ständigt till sommartorpet i den landsbygd våra förfäder en gång lämnade. I Sverige har 47 procent av den vuxna befolkningen tillgång till fritidshus. Motsvarande siffra i Danmark är 11 procent och i Tyskland 5 procent.

En vällackad kö strömmar längs Nynäshamnsvägen mot sommar-stugor och båtar. 1950-talet blev bilismens förlovade årtionde. Före kriget rullade bara drygt 100 000 bilar på svenska vägar, kring 1960 passerades miljonstrecket. Det märktes tydligt på bil- och trafikförsäkringarna, vars premier mer än tjugofaldigades mellan åren 1945 och 1965.

The archetypal red-painted summer cottages with white trim that dot the Swedish countryside have a unique place in the national psyche, reminding people of their rural heritage. In Sweden, 47 per cent of adults have access to a weekend cottage, compared to 11 per cent of Danes and 5 per cent of Germans.

Meticulously polished cars idle in a traffic jam on the Nynäs-hamnsvägen highway as their owners head for summer cottages and lakeside jetties. Motoring in Sweden had its heyday in the 1950s. At the start of World War II there were just 100,000 vehicles on the country's roads, but by 1960 that figure had passed the million mark. This prodigious growth was reflected in a twenty-fold increase in car and traffic insurance premiums between 1945 and 1965.

"Och glöm inte att använda blinkers när du svänger ..." Lands-fiskal Lars Waesterberg undervisar en blivande bilist på trafik-lekskolan i Nacka 1959, ett av många trafikprojekt som sponsrats av Skandia. Ett av Thules bidrag var scheman med trafikbilder till landets skolbarn.

Nästan lika kul som radiobilarna på Gröna Lund! Fast syftet med körskolan var ju även 1956 att man skulle lära sig att und-vika krockar.

"And don't forget to signal before turning ..." Chief Superinten-dent Lars Waesterberg gives a few hints to a budding driver at a children's traffic school in 1959, one of many traffic projects sponsored by Skandia. Thule, meanwhile, donated timetables with road safety pictures to the nation's schoolchildren.

A bit like the dodgems! But for trainee drivers at this motoring school the aim was to avoid crashing into each another.

Snowboardåkandet forsade fram som en av 1990-talet största sporttrender. Det blev många stukade handleder och brutna tummar i början. Även vanliga slalomfantaster vurpar. Europeisk Reseförsäkring räknade år 2000 ut hur många skidåkare från olika länder som skickades hem skadade från Alperna: 94 svenskar, 144 norrmän, 166 finländare – och 8 000 danskar.

Försäkringsbranschen insåg redan på 1950-talet att slalomåkare och bergsklättrare lever farligt.

Snowboarding proved to be one of the most popular sporting trends of the 1990s, leaving many a sprained ankle and broken hand in its wake. Even usually competent skiers can come a cropper. In 2000 Europeisk Reseförsäkring [travel insurance] kept count of the number of skiers sent home injured from the Alps. The grand total was 94 Swedes, 144 Norwegians, 166 Finns – and 8,000 Danes!

The insurance industry had already identified downhill skiing and mountaineering as among the riskier of pastimes.

OCEAN

En härlig
vintersemester...

Till utrustningen hör också en

olycksfallsförsäkring

i OCEAN

På femtiotalet var framtiden så ljus att man var tvungen att ha solglasögon. Snart bär det av med Jönköpingsfamiljen stolthet – en Renault CV 4.

Svenskarna höll sig envist till vänster, trots att regeringen redan 1931 försökte genomdriva högertrafik som anpassning till grannländerna. 1955 sa 83 procent nej till högertrafik i en folkomröstning. Men lobbyingen fortsatte, inte minst från försäkringsbolagen som var övertygade om att vänstertrafik var farligare. Ratten satt som nu till vänster och omkörningar var vanskliga. 1963 beslöt riksdagen att Sverige efter en omfattande kampanj skulle gå över till högertrafik 1967; Dagen H blev den 3 september. 360 000 vägmärken byttes ut, 130 000 H-skyltar sattes upp, bussar, spårvagnar och vägar anpassades. Slutnotan blev 628 miljoner, vilket betalades med en särskild trafikomläggningsskatt för alla registrerade fordon 1967–70. Och den stigande olyckskurvan bröts, antalet döda i trafiken halverades direkt.

In the 1950s, the future was so bright you had to wear shades. For this family from Jönköping happiness is ... a Renault CV 4.

Swedish drivers kept resolutely to the left, in spite of repeated government attempts to introduce driving on the right in order to fall in with neighbouring countries. In 1955 a referendum was held on the issue, and a resounding 83 per cent majority rejected any change. But the lobbying continued, not least by insurers which claimed that a switch to the right would save lives. Steering wheels were already on the left – as they are today – which made overtaking a difficult and often risky manoeuvre. In 1963, the Riksdag voted in favour of change and on 3 September 1967 the switch took place. The transition (including new road signs and markings) cost SEK 628 million, which was financed by a special vehicle tax. And the outcome was incontrovertible: the number of traffic deaths immediately fell by half.

Till slut blev det svenskt kaffe på grisfesten. I april 1955 landade det första svenska charterflygplanet på Mallorca, efter att ha mellanlandat i Göteborg, Malmö, Stuttgart och Marseille. Samma höst gick premiärturen till Kanarieöarna, där den här bilden är tagen. Resan från Stockholm till Las Palmas tog tio timmar. Reseförsäkring har hunnit bli en betydande produkt: 2002 reste 1,7 miljoner svenskar på charter.

Att packa väskan kvällen före avfärd var något högtidligt. Särskilt om man skulle resa långt – kanske till mormor och morfar, eller på den allra första utlandsresan...

Sweden's first charter flight touched down in Majorca in April 1955, having called in at Göteborg, Malmö, Stuttgart and Marseille en route. That autumn also saw Sweden's maiden package holiday to the Canary Islands, where this picture was taken. The flight from Stockholm to Las Palmas took 10 hours. Travel insurance has since become an important product: no fewer than 1.7 million Swedes took a charter trip in 2002.

Packing prior to departure could be quite a ritual. Especially for families about to visit grandma and grandpa or take their first trip abroad.

När tv:n kom till Kiruna behövdes det en hjälpande kälke. Året är 1959, och snart har det tecknats en miljon tv-licenser i Sverige. Och självklart behöver ett sådant värdeföremål försäkras; det märkliga med tv:n är att den trots inflationen har kostat lika mycket – i kronor – ända sedan den kom.

Folkhemmets viktigaste möbel hamnade i centrum i slutet av 50-talet,och där har tv-apparaten blivit kvar. Hösten 1956 började Sveriges Radios reguljära sändningar och snart satt hela släkten bänkad framför "Kvitt eller dubbelt" och "Bröderna Cartwright".

A TV set gets a helping hand on its arrival in the far-north town of Kiruna. The year was 1959 and almost one million TV licences had been sold in Sweden. Naturally, a valuable item like a TV set needed to be insured. Strangely enough, these appliances cost exactly the same today in absolute terms as they did when they first arrived on the market.

The TV set gained pride of place in many Swedish homes from the end of the 1950s. Swedish Radio launched scheduled broadcasts in autumn 1956 and soon entire families were gathering round to watch programmes like "The $64,000 Question" and "Bonanza".

Hundratals timmar, tusentals kronor, perfekt slipat trä, rätt inställd tomgång, ny radiokontroll – och så kraschar modellflygplanet direkt efter start. Då är inte ens försäkringspengarna någon tröst.

En katastrofal hobby – Sonny Hultberg ägnade månader åt att tillverka en skalenlig modell av den svåra Getåolyckan 1918, då banvallen rasade efter ett jordskred i Kolmården. Tåg 422 störtade nedför branten, vagnar fattade eld och 41 personer omkom.

Hundreds of hours of work, perfectly sanded wood, a precision-timed engine, brand-new radio control pack and great expense. But seconds into its maiden flight the model aeroplane crashes to earth. An insurance payout offers scant consolation.

Sonny Hultberg spent months making a scale model of the 1918 Getå rail disaster, when a landslide caused a train to plunge down a ravine and burst into flames, killing 41 people.

VOLVO GRAND PRIX

VOLVO GRAND PRIX

SKANDIA CUP

M OPEN

SKANDIA CUP

DUNLOP

"Är alla svenska domare lika bra? Svara på min fråga, idiot!!!" Ännu ett ifrågasatt domslut av ett blindstyre till domare – tandläkaren Leif-Åke Nilsson – och till på köpet är tennisstjärnan John McEnroe på väg att förlora semifinalen i Stockholm Open 1984 mot Anders Järryd. Tennisturneringen är ett exempel på idrotts-evenemang som sponsrats av Skandia. 1984–97 bar Svenska cupen i herrfotboll namnet Skandiacupen. Företaget har också sponsrat Svenska golfförbundet, Björn Borg och segeltävlingar.

"Are all Swedish umpires as good as you? Answer my question, jerk!" Another controversial umpiring decision – in this case by dentist Leif-Åke Nilsson in the chair – as John McEnroe heads for defeat in this 1984 Stockholm Open semi-final to Anders Järryd. Skandia has sponsored a variety of sports events, organisations and personalities, among them the Swedish Football Cup from 1984 to 1997, the Swedish Golf Federation, Björn Borg, and yachting events.

Vi på Skandia

Mångfald under samma paraply

AGENTER OCH AKTUARIER. Arkivarier och administratörer. Inspektörer och skadereglerare. Hålkortsperforatriser och återförsäkrare. Kundmottagare och kapitalförvaltare. Kokerskor och tryckare. Jurister och chaufförer. Postsorterare och fältmän. Sekreterare och programmerare. Kundmottagare och kapitalförvaltare. Distriktschefer och marknadsförare. Säljare och vaktmästare och receptionister och många, många fler.

Nej, ett bolag i försäkrings- och finansbranschen består inte enbart av direktörer och styrelse. På Skandia stämmer i hög grad den gamla sanningen: ett företag = sina medarbetare. Nog är ekonomiska muskler, byggnader, produkter och maskiner betydelsefulla, men ett tjänsteföretag står sig slätt utan ett gott mänskligt kapital.

Under 150 år har tusentals Skandiamän och -kvinnor satt sin prägel på företaget. Fast pionjärerna var få, bolaget hade länge färre än tjugo anställda. Organisationen var slimmad – ombud, agenter och inhyrda experter stod för utvidgningen. 1890 krävdes ett utbyggt huvudkontor, personalen var uppe i 80 man. Femtio år senare hade Skandia över 6 000 agenter i hela landet.

Skandia har också alltid haft ett öga på utlandet. Redan på 1800-talet öppnades många kontor i Europa, i USA inleddes en hundraårig verksamhet år 1900, på 1950-talet nåddes Sydamerika och Asien. I dag är företaget verksamt i ett tjugotal länder; två tredjedelar av de anställda återfinns utanför Sverige – inte minst i Storbritannien.

Berättelsen om medarbetarna på Skandia under 150 år präglas naturligtvis av samhällets sociala och ekonomiska förändring, internationalisering och modernisering; försäkringsbolagen gick exempelvis i bräschen för datoriseringen.

Företagets historia utspelas inte bara på Skandia, utan även på Thule, Svea, Skåne, Öresund, Nordstjernan och de övriga 47 försäkringsbolag som under årens gång har samlats under Skandias paraply; denna symbol som i stiliserad form har hängt med sedan 1964 – då koncernen hade vuxit så kraftigt att statsmakterna var tvungna att markera att nu fick det vara nog med Skandias expansion i Sverige.

De tog hand om världen – Skandias utlandsavdelning 1904.   Taking a global view: Skandia's international department in 1904.

Skandia People

Diversity under one umbrella

AGENTS AND ACTUARIES. Archivists and administrators. Inspectors and claims adjusters. Punch-card perforators and reinsurance underwriters. Cooks and printers. Lawyers and chauffeurs. Mailroom clerks and field workers. Secretaries and programmers. Customer care officers and asset managers. District managers and marketing specialists. Sales representatives, caretakers, receptionists … and many, many more.

An insurance and financial services company consists of much more than its senior executives and directors. The old maxim that a company is only as good as its people certainly holds true for Skandia. Financial muscle, real estate, products and machines are all important ingredients, but a service company cannot prosper without strong human capital.

Thousands of men and women have left their mark on Skandia during its 150-year history. Yet the original pioneers were few, and in the early years Skandia had a slimline staff of fewer than 20 people. By 1890, the workforce had risen to 80 as the company's corps of insurance agents steadily grew, requiring the head office in Stockholm to be expanded to accommodate the new recruits. Fifty years later, Skandia's agents totalled 6,000 in Sweden.

The company has always nurtured an interest in foreign markets. Offices in a string of European locations were opened prior to 1900, when Skandia arrived in the United States. By the 1950s the company had extended its reach to South America and Asia. Today Skandia operates in 20 countries and two thirds of its employees work outside Sweden, many in the UK.

Skandia's employee history reflects the social and economic changes that have taken place over the last 150 years alongside internationalisation and modernisation. It is a history also influenced by people from Thule, Svea, Skåne, Öresund, Nordstjernan and the other 47 insurance companies that have come under the Skandia umbrella over the years. The umbrella, chosen in 1964 as the company logo, remains in place today as a fitting symbol of Skandia's inclusive values and diverse history.

Äntligen här – du sköna nya datavärld! Thule, 1960.　　　Here at last! Thule at the dawn of the data technology age in 1960.

Fröken Sigrid Stedt vid Skandias kamrerarekontor 1919. Två år senare fick kvinnor rösträtt i Sverige, men det dröjde två årtionden innan gifta kvinnor hade rätt till anställning – även om Skandia släppte in dem tre år före lagstiftarna. Just 1919 infördes åtta timmars arbetsdag – före regleringen var det vanligt med tio timmars arbetsdag.

Kontorsinteriör från brandförsäkringsaktiebolaget Skåne, Malmö, omkring 1910. Vid den här tidpunkten började segregeringen inom försäkringsbranschen att märkas; skickliga specialister som exempelvis hanterade de nya avancerade räknemaskinerna steg snabbt i graderna, medan andra fastnade i lågbetalda rutinjobb.

Skandia clerk Miss Sigrid Stedt in 1919. Within two years, women would be entitled to vote, but it took a further two decades before married women gained the right to work (though Skandia started employing housewives three years before legislation was passed). Also in 1919, the eight-hour working day was introduced. Until then, ten hours had been commonplace.

The offices of fire insurer Skåne in Malmö circa 1910. By this time, job specialisation had become a strong trend in the insurance industry. Those employed to work the new calculating machines advanced quickly through the ranks, while others were stuck in low-paid routine jobs.

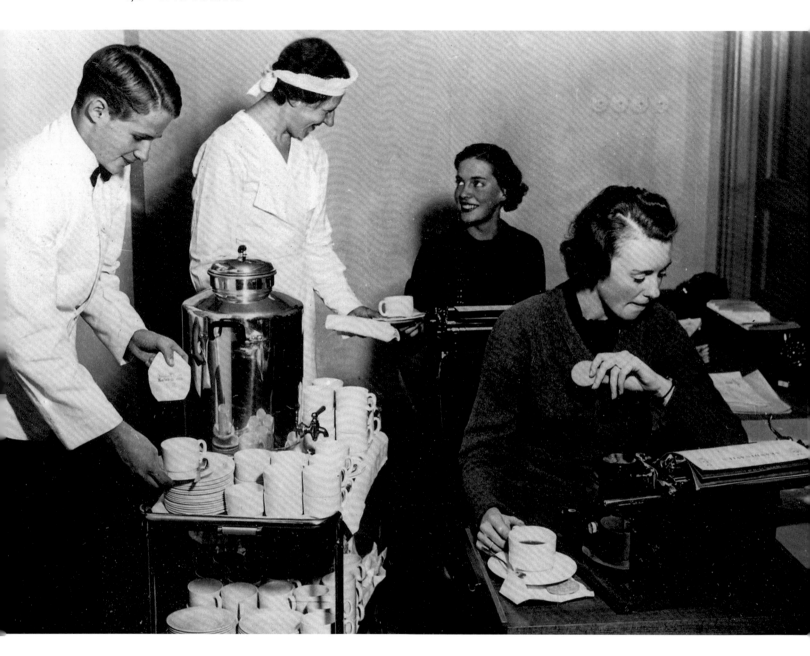

År 1936 slapp man springa till kontorets kaffeautomat. På Thule-
bolaget var det bara att invänta klockan 15.00, så blev man
serverad te och kex vid skrivbordet. Tevagnen flyttade med till
Sveavägen, där det årligen inmundigades 90 000 koppar te och
2 000 glas saft.

You didn't have to go to the coffee machine yourself in 1936.
Every day, staff at Thule were served tea and biscuits at 3 pm
sharp. The trolley dispensed 90,000 cups of tea and 2,000
glasses of lemonade each year.

År 1960 kunde man kila upp till lunchrummet på Sveavägen 44 och äta gott vid vita dukar. Varje dag serverades två valfria rätter – för att ge husmor en chans fick man välja i förväg för en vecka i taget. Mjölk och smör fick man ta så mycket man ville.

NÄSTA UPPSLAG: En solig dag som denna är det frestande att töja lite på lunchrasten, särskilt när man blickar ut mot Riddar-fjärden och Stadshuset från Skandias takterrass i Gamla stan. Vid det här laget, 1947, har Skandia vuxit ur sin gamla fastighet och tagit över nästan hela kvarteret vid Västerlånggatans mynning.

In 1960 you could visit the dining-room at Sveavägen 44, which offered linen tablecloths and a choice of two dishes (provided you had pre-ordered your meal a week in advance).

OVERLEAF: It was often tempting to tack an extra five minutes onto your lunch break if the sun was shining – especially with a view as spectacular as this from Skandia's roof terrace in Stockholm's Old Town. When this photo was taken, in 1947, Skandia had outgrown its original headquarters and was well at home in its extended premises.

Det var nog ingen bra idé för nyanställda på Freja-Norden att själva börja rota efter blanketter utan att fråga vaktmästare Carlsson.

Postpaket ska hämtas med stil – två chaufförer och Thulebolagens egen skåpbil.

Finding the right form on the shelves of the Freja-Norden storeroom might have taken hours without the help of Mr Carlsson the caretaker.

Delivery with style: Two drivers arrive with parcels in a van bearing the Thule livery.

Tusentals försändelser lämnar dagligen ett försäkringsbolag. På 1950-talets Thule sorterades avgående och intern post till yrkesmän och avdelningskontor (i facken) respektive ombud (i de numrerade rotundorna).

150 000 kort – det är ingen lek. Fröken Andersson, fru Brunzell och fröken Sporre var härskarinnor över Skandias väldiga kundregister 1945.

Insurance companies send thousands of letters and parcels every day. Mail room staff had their hands full sorting incoming and outgoing post at Thule's head office in the 1950s.

By 1945 these filing cabinets contained 150,000 cards bearing the names of every Skandia customer. Miss Andersson, Mrs Brunzell and Miss Sporre had the vital task of ensuring that everything was filed correctly.

Offertchefen på Thule vid Kungsgatan i Stockholm dikterar 1936 sina brev i en Ediphone, snillet Thomas Edisons uppfinning som registrerar tal på rullar. Dessa snurrande underverk avlyssnas sedan av snabbfingrade maskinskriverskor, ofta utbildade på Bar-Lock eller liknande handelsinstitut.

It is 1936 and Thule's quotations manager is dictating letters into one of US inventor Thomas Edison's "Ediphones". A revolutionary instrument in its day, it recorded dictation on a wax cylinder for later transcription by nimble-fingered typists.

Alltid redo att rycka ut på akuta uppdrag. Skandias inspektörer Broms, Löfvenmark, Upmark och Appelgren poserar anno 1930 med sina exklusiva tjänstefordon utanför Mynttorget 1 i Gamla stan i Stockholm, där Skandia hade sitt huvudkontor i 110 år.

Från början räckte en trerummare på andra våningen, men 1890 hade det expansiva aktiebolaget och dess 80 anställda vuxit ur huset i skuggan av slottet. Kåken och två inköpta grannhus revs och bebyggdes med den fastighet som numera disponeras av riksdagen. Skandia tog över hus efter hus i kvarteret, men fanns ändå utspritt på sju adresser i staden innan det äntligen var dags att flytta till Sveavägen.

Always prepared to visit a claims scene: Skandia assessors Messrs Broms, Löfvenmark, Upmark and Appelgren circa 1930 with their company cars outside Mynttorget 1 in Stockholm's Old Town.

This address was Skandia's headquarters for 110 years. It started business from a three-room apartment on the second floor, but by 1890 more space was needed to accommodate a workforce that had grown to 80. Skandia purchased two neighbouring buildings, demolished them and built a new head office that is today part of the Swedish Parliament. As the years went by and the company grew it acquired a string of neighbouring properties before the eventual move to Sveavägen.

Armar uppåt sträck! Inte många gym kan matcha utsikten från taket på Sveavägen 44 i Stockholm. Det är i mitten av 1940-talet – notera luftförsvarsanläggningen på ett av Kungstornen i bakgrunden – och kontorsgymnastik har nyligen införts på Thule. Orsaken är att det stillasittande arbetet med bokföring och stansning av hålkort är så monotont att kvinnorna riskerar förslitningsskador.

Även män behöver röra på sig. Skandias blivande vd Arne Lundeborg (tvåa från vänster) och hans träningskamrater föredrog ribbstolar 1962.

Reach up! Few gyms could match this rooftop view from Sveavägen 44 in central Stockholm. The photograph was taken in the mid-1940s (note the air defence post on top of the left-hand building). Special exercise sessions had recently been introduced at Thule to counteract the stiff arms and shoulders that often arose from sedentary office work.

Men needed exercise too. Future Skandia president Arne Lundeborg (second from left) and colleagues are seen here working out on the wall bars in 1962.

Livavdelningen på Skandias huvudkontor 1923. Tjänstemän – inte minst kvinnor – är den snabbast växande gruppen på arbetsmarknaden. I detta rum, 104–105, spelade Skandia året innan in branschens första svenska reklamfilm. "Har ni något att försäkra?" gick på biograferna i hela fem år.

Del av samma rum 1938. Herr Holmberg håller koll på damerna på den nyss omflyttade civilavdelningen.

The life assurance department at Skandia's head office in 1923. At the time, salaried employees – especially women – were the fastest growing group in Swedish workplaces. Here, in rooms 104 and 105, Skandia became the first Swedish insurer to film a commercial. "Do You Have Anything to Insure?" played at cinemas for the next five years.

The same rooms in 1938. Mr Holmberg keeps a watchful eye on his staff in the newly relocated personal insurance department.

I mitten av 1970-talet hade de avskärmade båsen med flyttbara väggar gjort entré i kontorslandskapet, som här på Skandia i Göteborg.

Och 2005 har de anställda på Skandia i Göteborg fått mellan-väggar av trä och glas.

By the mid-1970s office cubicles with moveable partitions had made their Swedish debut, as here at Skandia in Gothenburg.

By 2005, Skandia's staff in Gothenburg had swapped the old partitions for wooden and glass walls.

Snus är orsaken till att Thule och senare Skandia hamnade på Sveavägen 40–44 i Stockholm. När Thule började växa ur lokalerna på Kungsträdgårdsgatan tipsade bolagets ordförande Robert Ljunglöf om kvarteret Träsket vid Sveavägen, där hans snusfabrik nyligen stängt sedan staten infört tobaksmonopol. Dessutom inköptes och revs Ljunglöfs stora residens och Stockholms första BB från 1774.

Efter studiebesök i USA ritade arkitekten Gustaf Clason Sveriges modernaste och största kontorsbyggnad, med åtta våningar ovan jord och två under. Kontoren konstruerades 1938–40 med en löpande band-tanke om hur papperen skulle gå i huset. Lösningen blev funktionell med luft och ljus och skjutbara glasdörrar som möjliggjorde omorganisationer; avstånden mellan fönstren blev 152 cm för att passa skrivborden. 1 660 betongpålar kördes ned i Brunkebergsåsens sluttning, 15 mil elledningar lades in och fasaden fick 12 000 kvadratmeter fönsterglas.

Världens mest avancerade maskiner inskaffades – för räkning, skrivning, bokföring, statistik och premieavier. Thule lyckades direkt halvera kostnaderna för både den centrala förvaltningen och fältorganisationen. Även andra bolag följde efter med rationaliseringar. Och sedan Thule gått upp i Skandia kunde den nya koncernen 1965 sätta upp sin skylt på den 123 meter långa husfasaden.

Snuff tobacco – was the reason why Thule and later Skandia ended up with a head office at Sveavägen 40–44 in Stockholm. When Thule began to outgrow its former headquarters on Kungsträdgårdsgatan the chairman, Robert Ljunglöf, suggested the company take a look at the Sveavägen property where his snuff factory had recently closed down after the government decreed a state tobacco monopoly.

It fell to architect Gustaf Clason to design a purpose-built office building for the Sveavägen site. Eight storeys high, and with a further two floors below ground, the edifice was Sweden's largest and most modern office building. Built in 1938–1940 on foundations of 1,660 concrete piles, it was fitted with 150 kilometres of electrical wiring and boasted an exterior clad in 12,000 square metres of glass. The interior featured functional design, with sliding glass doors and plenty of space and light. Windows were set 152 centimetres apart to allow sufficient room for desks, and the most advanced machines of the day were installed to automate such tasks as writing, bookkeeping and data storage, and to calculate statistics and print insurance policy invoices. Automation enabled Thule to halve its administrative and organisational costs. When Skandia acquired Thule in 1965 the former's sign was fitted on the front of the 123-metre-high building.

Under andra världskriget var det ett bekymmer för försäkrings-bolagen att en tredjedel av deras manliga kontorsanställda och fältmän var inkallade i beredskap. Ändå beslöt Skandia att låta sina kvinnliga medarbetare hoppa in och hjälpa till vid skörden på gårdar runt Stockholm, till exempel potatisupptagningen på Rikstens gård 1942.

Om kriget kommer ... så får vaktmästaren trampa. I Skandias källare drevs generatorn för reservström med pedalkraft. Syftet var främst att klara nödbelysningen till skyddsrummet.

One in three of Skandia's male employees were called up during World War II – just one of many headaches insurers faced at that time. Even though it was short-staffed, the company willingly allowed women employees to help bring in the harvest at farms around Stockholm. This photo shows the potato harvest at Riksten farm in 1942.

Skandia's caretaker takes a test run on the pedals of the reserve electricity generator, which was on standby to provide emergency lighting for the company's wartime air-raid shelter.

Ännu en kund läggs in i registret – uppgifterna präglas med hjälp av en adressograf som sedan kan trycka adressen direkt på kuvert som spottas ut i hög takt. Bilden togs 1946 på Nordstjernan, livbolaget som 1931 gick upp i Skandia.

För att hålla nere kostnaderna för reparationer kunde krockade fordon repareras på Skandias skadeavdelning, där Magnus Sjöman basade för bilarna på 1950-talet.

Yet another customer is entered into the register. The details are stamped and put into an addressograph – a high-speed envelope printer. This photograph was taken in 1946 at Nordstjernan, the life assurance company acquired by Skandia in 1931.

One way of reducing accident repair costs was to send damaged vehicles to Skandia's own car repair workshop. Magnus Sjöman was in charge of operations there in the 1950s.

Cykelburna agenterna Hultenheim och Thorsell ute på uppdrag i Kalmar: att värva nya kunder åt Skandia-Freja. Länge var Skandia uppbyggt kring en liten stab i Stockholm, medan expansionen genomfördes med hjälp av ett nät av agenter och ombud i hela Sverige, och även i grannländerna.

Frisörer, cykelhandlare, landsfiskaler och många andra sålde liv- och sakförsäkringar som extraknäck. 1941, när den här bilden är tagen, hade Skandias kår vuxit till drygt 500 brandagenter, 700 skogsbrandagenter och över 5 000 livagenter.

Att känna sin marknad är A och O, och även i lilla Tväråbäck i Västerbotten fanns det utrymme för en försäkringsagentur 1953.

Skandia-Freja insurance agents Hultenheim and Thorsell take to their bicycles to meet potential new customers in Kalmar. For many years, Skandia's operations consisted of a small workforce based in Stockholm. But expansion led to the establishment of a network of agents around Sweden and in neighbouring countries.

Hairdressers, bicycle retailers, police superintendents and many others often sold insurance to earn a second income. By 1941, Skandia's agency network consisted of 500 fire insurance agents, 700 forest fire agents and more than 5,000 life assurance agents.

A strong presence in local markets is the key to success, and in 1953 Skandia's agency business reached as far as the hamlet of Tväråbäck in the northeast of Sweden.

Det fanns inte många kvinnliga agenter i Skandia-Frejas tjänst 1944. Men en av de ihärdigaste var friherrinnan Armfeldt, här utanför kontoret på Blasieholmstorg i centrala Stockholm.

Jo, nog händer det att en kund ringer och ändrar sig. Och då ordnas det hela upp av Thules avdelningskontor i Mora.

Skandia-Freja's corps of insurance agents was heavily male-dominated. Baroness Armfeldt, pictured here in 1944 on her way to work at Blasieholmstorg Square in central Stockholm, was one of few women.

Every now and then customers would ring in and say they had changed their minds. Here, a clerk at Thule's affiliate in Mora, central Sweden, retrieves a discarded form from the waste-paper basket.

Utsikt från Skandia-Frejas Södermalmskontor vid Slussen 1937. Freja bildades redan 1906 som dotterbolag till Skandia för att ta hand om en del av den utländska affärsverksamheten efter San Francisco-jordbävningen. Snart blev dock Frejas huvudsyssla skadeförsäkringar, vilket livbolaget Skandia inte fick ägna sig åt. Freja upplöstes 1955.

Redan efter Skandias första fusioner hade faktor Falk många stämplar att hålla reda på 1949. Ett drygt decennium senare skulle koncernens alla varumärken och logotyper ha översvämmat hela rummet; 1963 hade totalt 53 bolag gått upp i Skandia.

The view from Skandia-Freja's waterfront office in Stockholm in 1937. Freja was founded in 1906 as a Skandia subsidiary to handle overseas business in the wake of the San Francisco earthquake. Freja soon came to focus on non-life insurance, a business that was barred to Skandia as a life assurer. The company was dissolved in 1955.

Skandia's many acquisitions meant that Mr Falk, pictured here in 1949, had an entire army of different stamps to wield. By 1963, a grand total of 53 companies had been subsumed into the fast-growing insurance group.

Försäkringsbranschen var den första som datoriserades; själva ordet "datamaskin" lär ha skapats på Thule, som redan 1957 köpte en IBM 650 från USA. 1961 invigdes bolagets hypermoderna datorhall, en av de största i Europa. Hålkortssystemet från 1800-talet hängde med ett tag till – de första datorerna kunde läsa 15 kort i sekunden.

Skandia installerade 1960 en Pegasus-dator, men låg ändå steget efter Thule. När PG Gyllenhammar efter fusionen skulle jämka samman företagens teknik, jämförde han Skandias enkla hålkort och Thules databehandlingssystem med skillnaden mellan ved och atomkraft. Han valde det senare. Och utvecklingen fortsatte snabbt framåt – bland annat via de Wang-datorer som i slutet av 70-talet prydde arbetsborden på Skandia.

Insurance was the first industry to computerise. Thule started the ball rolling in 1957 by importing an IBM 650 from the United States, and the hyper-modern computer hall that the company unveiled five years later was one of the largest in Europe. The 19th century punch-card system remained in use during the early years. Indeed, the first computers could read 15 punch-cards per second.

In 1960 Skandia installed a Pegasus computer but remained one step behind Thule. After the two companies merged, it fell to P G Gyllenhammar to meld their different technologies. He compared Skandia's primitive punch-card system and Thule's data-processing technology to firewood and atomic energy (and plumped for the latter). From then on, Skandia's technological revolution developed apace and by the late-1970s company desks were topped by state-of-the-art Wang computers.

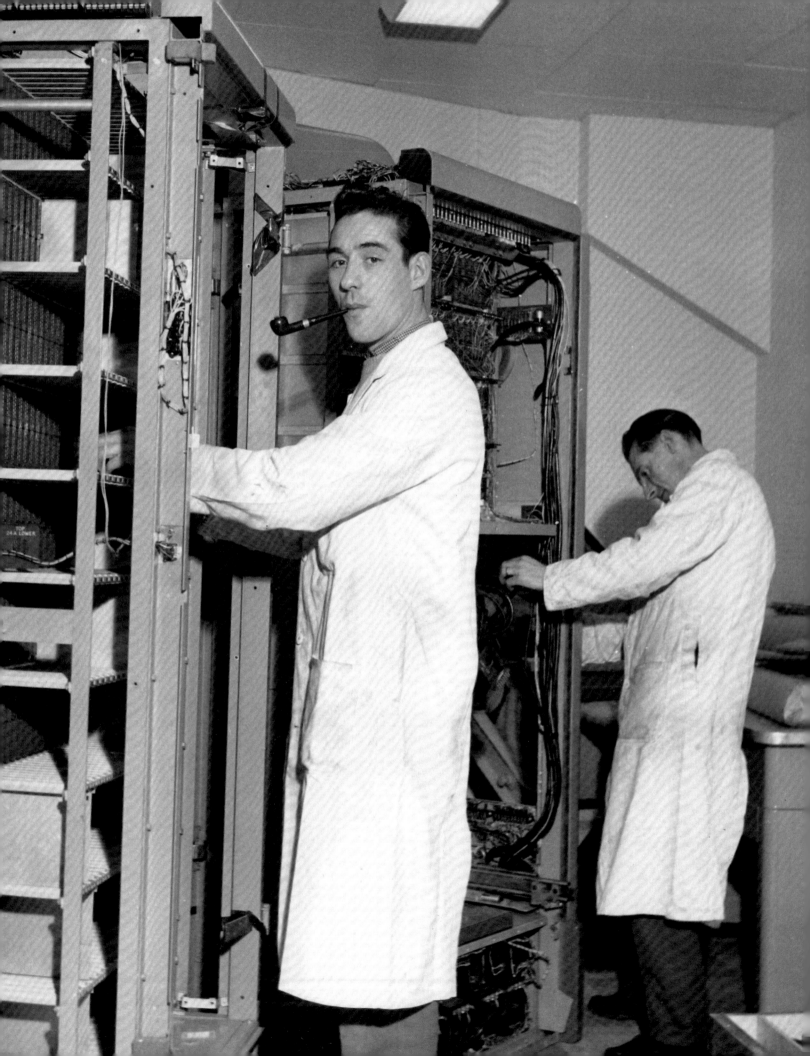

"Thule, god morgon, ett ögonblick så kopplar jag." Uniformera-de gossar tjänstgjorde på 1910-talet som springpojkar, biträden och telefonister vid huvudkontoret på Kungsträdgårdsgatan 4.

"Good morning, this is Thule. Please hold the line and I'll connect you." Young men in uniforms worked as errand boys, clerks ... and telephonists at Skandia's headquarters in 1910.

Med åren har både anknytningarna och telefonisterna blivit fler. Och som alltid är växeln en bra sambandscentral för alla frågor i huset. Skandia 1970.

Phone call volumes grew massively over the years – and the number of telephonists to handle them increased too. As ever, the switchboard remains the nerve centre for much of what goes on within the company. This photograph was taken at Skandia in 1970.

"När kan jag börja ta ut min pension? Hur ändrar jag förmåns-tagare? Betalas det ut pengar vid dödsfall? Kan man byta fonder när som helst?" Tusentals frågor om dagen besvaras av handläg-garna på Skandias kundcenter i Sundsvall. I nyrenoverade lokaler arbetar cirka 250 personer med kundsamtal, fondförsäljning och administration av fond- och livförsäkring.

When can I start drawing my pension? How do I change my beneficiary? What happens to my fund if I die? Can I switch between different investments? These and thousands of other questions are answered every day by Skandia's 250-strong staff at its customer care centre in Sundsvall. The centre handles customer queries, co-ordinates sales of unit-linked assurance and performs administrative services for unit-linked and life assurance.

Skandia har alltid varit ett internationellt företag. Den första regle-rade skadan var en brand i norska Bergen 1855. Man var tidigt ute i Ryssland och USA, och här invigs 1953 kontoret i Colombia – där försäkringar mot brand och inbrott var viktigast. I dag är Skandia verksamt i ett tjugotal länder och 80 procent av försälj-ningen kommer från utländska marknader.

Alla risker måste kalkyleras, bokföras och bevakas. Bilden till höger är tagen på Skandias risikoavdelning vid Mynttorget 1942.

Skandia has always been an international company. Its first claim was for a fire in the Norwegian city of Bergen in 1855, and the company expanded quickly into Russia and the US. This photo-graph was taken in 1953 at the opening of a new office in Colom-bia, where the principal lines of business were fire and burglary insurance. Today Skandia is active in 20 countries and generates 80 per cent of its revenue from foreign markets.

All risks have to be assessed, filed and monitored. The photo-graph to the right was taken in Skandia's risk department at Mynttorget Square in 1942.

Hösten 1994 startade SkandiaBanken som en uppstickare bland storbankerna. Både småsparare och välbärgade privatpersoner kom att välja den växande nischbanken som gav bättre spar-räntor och förmånligare lån – men blygsam service via telefon och internet.

Den flerfaldigt prisbelönta banken är även verksam i Danmark och Norge och hade 2004 fler än 900 000 kunder – varav 60 procent kvinnor. Banken hade 600 anställda i Sverige – men fortfarande bara ett bankkontor i Sverige, vid Norrmalmstorg i Stockholm.

Hundra år tidigare, i kassan till Svea – försäkringsbolaget som grundades i Göteborg 1866. Svea sysslade framför allt med brandförsäkring, och följde tidigt de svenska emigranterna till USA. Under Pehr Gyllenhammars tid på 1950-talet gick bolaget upp i Skandia. På taket till Västra Hamngatan syns än i dag Sveastatyn.

SkandiaBanken was launched in 1994 as a competitor to the high-street banks. The concept of offering higher interest rates on savings, lower mortgage and loan rates, and phone and Internet banking services won a large following among savers.

The bank went on to win a number of awards and now also operates in Denmark and Norway. In 2004 sixty per cent of its 900,000 customers were women. The bank has 600 employees in Sweden working out of a single branch at Norrmalmstorg Square in Stockholm.

The scene 100 years ago at the cashier desks of Svea, the Gothenburg insurer founded in 1866. Svea specialised in fire insurance and was quick to cover Swedish emigrants who crossed the Atlantic to make new lives in the US. It merged with Skandia during president Pehr Gyllenhammar's tenure in the 1950s.

"Och så tar du hand om det här området, så får Jansson ..."
Mellan skidturer och middag med dans hinner Thules distrikts-
chefer knäcka administrativa och praktiska nötter. Storlien, 1954.

På 1910-talet höll personalutflykterna en viss stil. Här är det liv-
försäkringsbolaget Thule som bjuder på en angenäm båttur.

"You deal with this one and I'll take care of that..." Thule's district
managers get to grips with practical issues on a staff break at
Sweden's Storlien ski resort in 1954.

Staff days out were a chic event in the early 20th century. On this
occasion Thule has arranged a staff boat excursion.

Ja, vad har de egentligen för sig på försäkringsbolaget efter klockan tre? En hel del: bildarkiven skvallrar om grillkurser, skyttetävlingar, bilrebusrallyn, spex i babykläder, tryckande danser, bridgetävlingar – och grupplivskägg, en tradition inom Thule där "ordensmännen" dubbades vid högtidliga ceremonier.

Pehr Gustaf Gyllenhammar – som ännu inte blivit "P G" – var inte bara den som skapade en modern koncernorganisation och satsade på framtidsstudier och datorisering på Skandia. Han spelade även gitarr och intervjuades av Sten Isbäck i "Skandias hörna" i slutet av 1960-talet. Unge Gyllenhammars slutackord på Sveavägen var att han 1970 precis hann efterträda pappa Pehr som vd för Skandia innan han hastigt drog till Göteborg för att efterträda svärfar som vd för Volvo.

What exactly did Thule employees get up to during their spare time? Quite a lot, it seems. Activities ranged from barbecues and rifle competitions to dancing, bridge evenings and this traditional "initiation ceremony".

Pehr Gustaf Gyllenhammar, later known simply as "P G", created Skandia's modern corporate structure and encouraged the company to computerise and invest in new technologies. He was also a keen guitar player, as this photograph shows. The young Gyllenhammar briefly succeeded his father Pehr as Skandia's chief executive before moving to Gothenburg to take over as chief executive of Volvo, a post once held by his father-in-law.

1855

En kronologi

ÅREN KRING 1855 framstår i efterhand som en vattendelare i historien, en tydlig övergång från ett gammalt samhälle till ett modernt. Efter sekler med häst och vagn kommer snart tåg, ångbåtar, cyklar och bilar. Telegraflinjerna förenar hela världen, uppfinnarna är tidens hjältar och vetenskapen tar väldiga kliv.

1855 är samtidigt oerhört länge sedan. Sverige och Norge ska ännu i femtio år vara i union. Radion ska dröja sjuttio år, tv:n hundra år. Sveriges kvinnor är inte myndiga och får inte rösta, yrkesarbeta eller läsa på universitet. Dödsstraff utmäts fortfarande med halshuggning.

1855 har Victoria 46 år kvar på den engelska tronen, i Sverige styr Karl XIV Johans fransk-födde son Oscar I. Men 1848 års revolutionstankar har banat väg för ett liberalare samhälle. Fram växer arbetarrörelse, kvinnokamp och demokrati. Bort vittrar den urmodiga ståndsriksdagen och stormaktstidens hårt reglerade näringspolitik.

1855 har Sverige 3,5 miljoner invånare, nio av tio bor på landsbygden, bara 100 000 i Stockholm. Ännu präglas landet av armod, smuts, sjukdom och superi, och för många är utvandring enda hoppet. Men samhället har börjat omdanas och marschen mot en ljusare och tryggare värld är inledd.

Det medeltida skråväsendet är borta, den första gaslyktan har just tänts och den natio-nella industrialismen inletts med en ångsåg utanför Sundsvall. 1855 är det svensk premiär för järnvägstrafik och frimärken. Samtidigt ersätts den ålderdomliga mångfalden av mått och mynt av en nymodighet: decimalsystemet med centimeter, liter och ören.

Det första svenska ångfartyget av järn byggs – och döps till Skandia. Samma stolta skandinavistiska namn används när 91 män ur samhällets topp 1855 grundar Sveriges första aktiebolag som erbjuder både liv- och brandförsäkring.

Bolaget etablerar sig vid Mynttorget i Gamla stan, mellan kungliga slottet, statliga myn-digheter och Sveriges parlamentariska och finansiella centrum. Härifrån styrs den växande verksamheten under Skandias första 110 år.

Mynttorget i Gamla stan hyste Skandias huvudkontor 1855–1965. Mynttorget Square in Stockholm's Old Town housed Skandia's headquarters from 1855 to 1965.

1855

A Chronology

THE YEAR 1855 coincided with a watershed in Swedish history as a new, modern society took shape and ushered in a more progressive era. After centuries of horses and carts, people soon found themselves using trains, steamboats and motor cars. Telegraph lines connected far-flung corners of the globe, inventors were the heroes of the day and scientific advances came thick and fast.

Back in 1855 Queen Victoria had another 46 years left on the English throne. Her counterpart in Sweden was the French-born Oscar I. The invention of radio remained 70 years away and 90 per cent of Sweden's 3.5 million inhabitants still lived in rural communities. Women did not enjoy full rights as citizens. They were ineligible to vote and barred from university studies. The death penalty remained in use.

But a revolutionary wave had swept across Europe, paving the way for a more liberal society. From the upheavals of 1848 emerged the labour movement, female emancipation and democracy. Sweden's Riksdag of the Four Estates was in retreat, as were the regulated mercantile policies of the imperial era. Change was in the air, even though poverty, disease and drink continued to plague the country and many saw emigration as their only escape.

The medieval guild system was abolished and the national industrial revolution began in 1849 with the opening of a steam sawmill outside Sundsvall. In 1855, Sweden's first railway tracks were laid, while the clutter of official weights, measures and coins was replaced by the decimal system we know today.

The same year, 91 male members of the establishment formed Sweden's first limited liability company to offer life and fire insurance. They gave it the same proud name as Sweden's first iron steamboat – Skandia.

Appropriately enough, the company's offices were located in the heart of Sweden's financial and parliamentary district, adjacent to the Royal Palace and government agencies at Mynttorget Square in Stockholm's Old Town. From here, Skandia would be run for its first 110 years.

Sveriges första försäkringsaktiebolag är grundat.   Sweden's first privately owned insurance company is founded.

FÖRSÄKRINGS AKTIEBOLAGET

SKANDIA

I STOCKHOLM.

Stadfästadt genom Kongl. Resolution den 12 Januari 1855.

BRAND
FÖRSÄKRINGSBREF.

Ända från starten 1855 sålde Skandia både liv- och brandförsäkringar.

From the outset in 1855, Skandia sold life and fire insurance.

Carl Gustaf von Koch (1818–76) var initiativtagare till Skandia. Han blev försäkringsaktiebolagets första vd, och fick stora provisioner när företaget expanderade under högkonjunkturen. När kurvorna vände rasade kurserna och von Koch fick avgå.

Carl Gustaf von Koch (1818-76) was the driving force behind Skandia, becoming its first president and earning large commissions as the company surfed an initial economic boom. But when the bubble burst, Skandia shares plunged and von Koch was forced to resign.

1855

Det pågående Krimkriget har skapat en högkonjunktur med snabbt växande förmögenheter och företagskapital. Engelska försäkringsbolag håller på att ta över den svenska marknaden, men medan staten grundligt utreder frågan bildar konungarikets etablissemang snabbt ett privatägt svenskt försäkringsbolag.

Den 12 januari ger Oscar I tillstånd och den 19 mars grundas officiellt försäkringsaktiebolaget Skandia av 91 män ur den nya nordiska eliten – som ett led i samhällets institutionella modernisering. I spetsen står juristen Carl Gustaf von Koch, som blir Skandias förste vd. Livförsäkringen byggs upp av aktuarien och matematikprofessorn C J Malmsten.

Den 7 april köper man fastigheten på Mynttorget 1 och flyttar in i en trea två trappor upp. Skandia är ett blandat bolag, det första rikstäckande som säljer både liv- och brandförsäkringar. Med tanke på alla stadsbränder är dess kapital hela 15 miljoner kronor; samma höst kommer den första skadan – en brand i Bergen som kostar bolaget 520 riksdaler riksmynt.

1856

Vd von Koch, som har provision på tecknade försäkringar, låter Skandia expandera snabbt; redan under de första åren öppnas kontor i Kristiania (Oslo), Köpenhamn, S:t Petersburg, Hamburg och Rotterdam. Men Krimkriget tar slut och konjunkturen vänder. Dessutom brinner många av de försäkrade ryska trästäderna och Skandiaaktierna blir närmast värdelösa.

Stockholms Enskilda Bank grundas; bankens mäktige man AO Wallenberg sitter 1857–86 i Skandias styrelse. Enskilda Banken och Skandia har ungefär samma kunder, och länge finns det sedan Wallenbergare i styrelsen – däribland AO:s son Marcus 1898–1943 och dennes son Jacob 1943–64.

1858

von Koch hinner tjäna tiotals miljoner i dagens pengavärde innan han får sparken, flyttar till Paris och senare till USA, där han dör i gula febern 1876. Ogifta kvinnor blir myndiga vid 25 års ålder, husagan avskaffas och frikyrkor tillåts.

1861

Efter tre år avgår grosshandlare Jederholm som Skandias vd och efterträds av den försiktige tjänstemannen AW Dufwa, som utan alltför mycket väsen innehar posten till 1869.

1855

The Crimean War stimulates an economic boom that sees English insurance companies make deep forays into the Swedish market. As the government deliberates over how to tackle this threat, a group of 91 establishment figures come together to form a privately owned Swedish insurer. Skandia is officially founded on 19 March after King Oscar I grants formal approval. Lawyer Carl Gustaf von Koch, a leading member of the founding group, becomes the company's first president, while life assurance activities are put in the hands of mathematics professor and actuary C J Malmsten.

On 7 April Skandia purchases a house at 1 Mynttorget Square in Stockholm's Old Town. A three-room apartment on the second floor serves as its first headquarters. The company is the first to sell life and fire insurance nationally and has capital reserves of SEK 15 million – a weighty sum in those days. This is a necessary investment due to the frequency of fires in built-up areas. Not unexpectedly, the company's first pay-out later that autumn is on a fire in the Norwegian city of Bergen.

1856

Von Koch, who receives a commission on new premiums written, leads Skandia through an explosive growth phase. Offices in Oslo, Copenhagen, St Petersburg, Hamburg and Rotterdam open in swift succession. Then the Crimean War ends, the economic bubble bursts, and suddenly, Skandia's shares are practically worthless.

André Oscar Wallenberg founds Stockholms Enskilda Bank and sits as a director on Skandia's board from 1857 to 1886. The two companies share much overlap in their customer base and further generations of Wallenbergs serve on Skandia's board over the next 100 years.

1858

Von Koch amasses a fortune before being sacked. He moves first to Paris and then to the United States, where he dies of yellow fever in 1876. Unmarried women attain the age of majority at 25, the beating of servants is declared illegal and Free Churches are allowed.

1861

Daniel Jederholm resigns after three years as Skandia's president and is succeeded by Alfred Wilhelm Dufwa. A businessman of caution, he remains at the helm for eight years.

1862

Landstingen inrättas och järnvägen Stockholm–Göteborg invigs.

Sjöförsäkrings AB Neptun startas i Stockholm, men gör 1874 en uppmärksammad konkurs, vilket används i August Strindbergs kritik mot bolaget Triton i Röda rummet 1879.

1863

Stockholms fondbörs startar den 4 februari vid Stortorget i Gamla stan. Skandia omsätts redan första dagen – aktien dominerar med sju av 22 avslut – och är den enda aktien som i ursprunglig form har varit noterad ända sedan dess.

Fondbörsauktioner hålls därefter den första onsdagen varje månad. De första årens handel domineras av börsens initiativtagare, fondmäklaren Carl Gustaf Hierzéel, som ensam svarar för 92 procent av omsättningen.

Den 31 maj 1990 avslutas den högljudda handeln på Stockholms fondbörs med en post på 200 Skandia (såld av Arapt till Aros). Sedan dess har all aktiehandel i Sverige skett via tysta datorer.

1865

Karlstad förstörs i en eldsvåda.

1866

Ståndsriksdagen ersätts med tvåkammarriksdag. Det är ännu långt till dagens

1862

County councils are created and the Stockholm–Gothenburg railway line opens.

1863

The Stockholm Stock Exchange opens on 4 February at Stortorget Square in Stockholm's Old Town. Trading in Skandia shares dominates the first day, accounting for seven out of 22 transactions. Stock exchange auctions are henceforth held on the first Wednesday of every month. Trading volumes in the first few years are virtually monopolised by the exchange's founder, broker Carl Gustaf Hierzéel. Today, Skandia is the sole survivor of the first group of companies to be listed on the exchange.

The hustle and bustle of open-floor trading is the order of the day until 31 May 1990, when a block of 200 Skandia shares marks the final transaction before the transition to electronic trading.

1865

The town of Karlstad in central Sweden is destroyed by fire.

1866

The Riksdag of the Four Estates is replaced by a two-chamber Riksdag. But only 5 per cent of the population are enfranchised to vote and a mere 6,000

På fondbörsen i Stockholm inleddes aktiehandeln 1863. Skandia omsattes redan första dagen, och bolaget är det enda som är kvar från starten.

Equity trading began on the Stockholm Stock Exchange in 1863. Skandia shares were traded on the first day and the company is today the sole survivor of the founding group.

*Brand- och livförsäkringsaktiebolaget
Svea grundades 1866.*

*Fire and life insurance company
Svea was founded in 1866.*

*Tecknat förslag till prospekt för Livför-
säkringsaktiebolaget Nordstjernan,
gjort av Carl Larsson på 1890-talet.*

*Prospectus for life assurance company
Nordstjernan in the 1890s illustrated
by celebrated Swedish painter Carl
Larsson.*

demokrati – bara fem procent har statlig
rösträtt och endast 6 000 svenska män
är tillräckligt rika för att vara valbara till
första kammaren.

Försäkrings AB Svea grundas i
Göteborg, och blir med åren landets
ledande brandförsäkringsbolag.

Alfred Nobel uppfinner dynamiten.

1867
Karl Marx publicerar *Kapitalet.*

1869
Suezkanalen öppnas för trafik – européer
behöver inte längre runda Afrika för att
komma till Asien – vilket blir ett genom-
brott för snabbare och större ångdrivna
fraktfartyg av stål. Transportrevolutionen
med ångbåtar och järnväg kan jämföras
med 1990-talets datorrevolution. Handeln
blir mer kapitalkrävande, vilket får stor
inverkan på försäkringsbranschen.

Gävle läggs i ruiner av en storbrand.

1870
Elis Fischer blir vd för Skandia.

1871
Livförsäkringsbolaget Nordstjernan grun-
das av 25-årige Otto Samson; till skillnad
från Fischer tror han inte på att blanda
ihop pengar från livförsäkring och brand-
försäkring. Samsons linje vinner först
1920, då livbolagen enligt soliditetsprinci-
pen måste ha ett grundkapital som inte
får förbrukas.

1872
Assuransföreningen för sjöförsäkringar
bildas i Göteborg.

Hela jordklotet täcks nu av ett telegraf-
nät, sedan Australien anslutits via Indien.
Därmed är det lättare för företag att ha
marknader utomlands.

1873
Livförsäkringsbolaget Thule (som lever
vidare som Skandia Liv) grundas.
Initiativtagare och senare vd är bokhand-
laren Per Johan Fagerström, som varit
agent för ett franskt försäkringsbolag.
Därifrån har han hämtat systemet att låta
delar av vinsten tillfalla försäkringstagar-
na, medan aktieägarna får en begränsad
tilldelning. Detta är helt emot vad
Skandia, Svea och Nordstjernan gör; för
att bekämpa Thule startar de Svensk
Försäkringstidskrift, vars redaktör August
Strindberg skriver många arga artiklar i
frågan. Det hjälper inte, Thules framgång-
ar tvingade de andra livbolagen att följa
samma princip.

Swedish men are wealthy enough to
qualify for election to the first chamber.

Fire insurance company Svea is foun-
ded in Gothenburg and goes on to be-
come the market leader in this sector.

Alfred Nobel invents dynamite.

1867
Karl Marx's *Das Kapital* is published.

1869
The Suez Canal opens and the canal
spurs development of faster and larger
steel steamboats – a transport revolution
akin to the IT boom of the 1990s. Trade
becomes more capital-intensive, a trend
which has great repercussions for the
insurance industry.

The city of Gävle is badly damaged by
fire.

1870
Elis Fischer takes over as Skandia presi-
dent.

1871
Life assurance company Nordstjernan is
founded by 25-year-old Otto Samson.
Unlike Fischer, Samson does not believe
in mixing life and fire insurance. Their
conflicting approaches to business persist
until the passing of capital adequacy laws
in 1920 that require life assurers to retain
a permanent capital buffer. Samson's
strategy triumphs as a result.

1872
The Swedish Club for mutual maritime
insurance is founded in Gothenburg.
Companies gain easier access to foreign
markets when the telegraph reaches
Australia via India, creating a pan-global
network.

1873
Per Johan Fagerström founds life assurer
Thule (later to become Skandia Liv). A
bookseller by trade, Fagerström has
experience of agency work for a French
insurance company, from which he
adopts the system of distributing profits
among policyholders and providing only
limited dividends to shareholders. This
model is anathema to Skandia, Svea and
Nordstjernan and they counter-attack by
launching Svensk Försäkringstidskrift, an
insurance periodical whose editor, the
celebrated author August Strindberg,
pens many a strident article on the sub-
ject. But the efforts prove futile and
Thule's success forces the other life
companies to adopt its principles.

Per Johan Fagerström var också en framåt annonsman, med slogans som "Unga hustrur! Släppen icke Edra män förrän de betryggat Edra och Edra barns framtid genom att livförsäkra sig!"

1873 införs myntsystemet med kronor och ören. Samma år grundas Svenska Brandtariffföreningen – en närapå trustliknande organisation – på initiativ av Skandias vd Elis Fischer.

1874
Vapentillverkaren Remington Small Arms Company börjar sälja skrivmaskiner, en uppfinning som ska revolutionera kontorsarbetet.

1875
Svenska Försäkringsföreningen bildas, branschens första gemensamma organ; även här är Fischer ledande.

1876
Alexander Graham Bell får patent på telefonen. LM Ericsson tillverkar sin första telefon ett par år senare och Stockholm blir snart världens telefontätaste stad.
Louis De Geer utses till Sveriges första statsminister.

1878
Eldkvarn brinner i Stockholm, Skandia betalar ut hela 147 096 kronor. Stora delar av Hudiksvall eldhärjas; resten av staden förstörs året därpå.

1879
Sågverksarbetare strejkar i Sundsvall – Sveriges första stora arbetskonflikt.

1880
Thomas Alva Edison uppfinner glödlampan och grundar ett elverk i New York som i dag heter General Electric.
Under 1880-talet leder krisen inom det svenska jordbruket till omfattande emigration till USA. Försäkringsbolaget Svea följer med över Atlanten.

1881
Olycksfalls- och sjukförsäkringar börjar säljas av Fylgia, en föregångare till TryggHansa.

1884
Skåne grundas – det sista blandade brand- och livförsäkringsaktiebolaget.

1886
Den överhettade fastighetsmarknaden i Stockholm kraschar. Skandia, som beviljat höga lån till nybyggena, tvingas genom

A new coinage system, denominated in kronor and öre, is introduced. Elis Fischer, Skandia's president, helps to found a Swedish fire insurance industry association that promotes improved local fire brigade services in return for lower premiums.

1874
Remington Small Arms Company begins selling typewriters – an innovation destined to revolutionise office work.

1875
The Swedish Insurance Association is founded. Here, too, Elis Fischer is one of the main initiators.

1876
Alexander Graham Bell patents the telephone. LM Ericsson commences production two years later and Stockholm soon has the world's highest density of this new gadget.
Louis De Geer is elected as Sweden's first prime minister.

1878
A major fire in Stockholm costs Skandia the hefty sum of SEK 147,096. Large parts of Hudiksvall, on Sweden's north-east coast, are damaged by fire and the rest of the town burns down the following year.

1879
A strike by sawmill workers in Sundsvall becomes Sweden's first major industrial dispute.

1880
Thomas Alva Edison invents the electric light bulb and founds the New York electricity company today known as General Electric.
Rural poverty spurs a major emigration wave to America and the exodus continues through the decade. Insurance company Svea also crosses the Atlantic.

1881
Accident and sickness insurance is launched by Fylgia.

1884
Skåne, Sweden's last combined fire and life insurance company, is founded.

1886
The Stockholm property bubble bursts. Skandia, which has lent heavily to developers, is forced to offset losses by repossessing properties through nominees. Elis

Affisch från Livförsäkringsaktebolaget Thule, grundat 1873.

Poster advertisement for life assurance company Thule, founded in 1873.

En samtida etsning visar hur Eldkvarn brinner 1878. På platsen står numera Stockholms stadshus.

A contemporary etching of the Eldkvarn steam mill blaze in Stockholm in 1878. Stockholm City Hall now stands on this spot.

Elis Fischer, Skandias vd 1869–86, blandade samman sin och företagets ekonomi. Avled på Långholmens fängelse.

Elis Fischer, Skandia's president from 1869 to 1886, was jailed for financial irregularities and died in Långholmen prison.

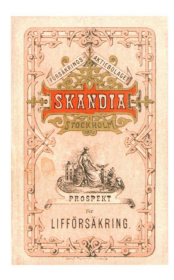

Livförsäkringsprospekt från 1884.

Life assurance prospectus dated 1884.

bulvaner ta över många fastigheter för att begränsa förlusterna. Samtidigt uppdagas att vd Elis Fischer har blandat ihop sin och företagets ekonomi. Han anmäls av Skandias styrelse (det finns ännu inga branschövervakande myndigheter), åtalas och döms till ett långt fängelsestraff. Sjubarnsfadern avlider 1888 på Långholmen.

Händelserna leder till nya lagar om övervakning av försäkringsbranschen, fram till 1903 sköts den av en försäkringsinspektör från civildepartementet.

1886 bildas även landets första fackförbund, Svenska typografförbundet.

1887

Järnmalmsbrytning i Gällivare inleds.

1888

Sven Palme efterträder Thules grundare Fagerström som vd och blir Sveriges ledande försäkringsman. Under hans 43 år på posten rycker Thule fram som Nordens största livförsäkringsbolag. Från 1911 äger ett konsortium av familjen Palme och styrelsen en majoritet av bolaget. Sven Palme lämnar över till sonen Gunnar strax före sin död 1931; Gunnar Palme som för in sakförsäkringar i Thules verksamhet avlider själv 1934.

Våldsamma bränder drabbar Sverige den 25 juni och 13 000 blir hemlösa. Nästan hela Sundsvall eldhärjas, liksom 80 procent av Umeå. Även Holmsund och Lilla Edet drabbas. Skandia betalar ut 7,2 miljoner kronor, varav 5,4 var återförsäkrat. Annars hade bolaget sannolikt gått omkull.

1889

Skandia har 7 000 livförsäkringstagare – huvudsakligen män ur medelklassen, men också arbetare och kvinnor börjar livförsäkra sig.

Thule inför skrivmaskiner, räknemaskiner, bokföringsmaskiner och telefon.

Socialdemokratiska arbetarepartiet grundas under Hjalmar Branting.

1890

Skandia har vuxit så mycket att man måste bygga nytt huvudkontor vid Mynttorget och skaffa större utrymmen i Gamla stan för de 80 anställda. Expansionen är tydligast på fältet där antalet agenter växer snabbt.

1891

Den första bilen visas i Sverige, på en utställning i Göteborg. Friluftsmuseet Skansen invigs. Arbetarrörelsen firar för första gången 1 maj.

Fischer is exposed for business irregularities and finds himself reported to the police by Skandia's board. He stands trial and is sentenced to a long prison term, while the scandal prompts legislation to regulate the insurance industry. In 1888 the father-of-seven dies in Stockholm's Långholmen prison.

Sweden's first trade union, the Swedish Graphic Workers' Union, is founded.

1887

Iron ore mining starts in the Arctic town of Gällivare.

1888

Fires rage in several towns on 25 June, leaving 13,000 people homeless and Sundsvall and Umeå largely destroyed. Skandia pays out SEK 7.2 million. Had SEK 5.4 million of this not been reinsured, the company would probably have collapsed.

At Thule, Sven Palme replaces founder Per Johan Fagerström as president and becomes the most powerful man in Swedish insurance. During his 43-year tenure Thule evolves into Scandinavia's largest life assurer. From 1911, a consortium of the Palme family and Thule directors owns a majority of the company's shares. Shortly before his death in 1931, Sven Palme hands over control to his son Gunnar. The latter introduces non-life insurance to Thule's portfolio but dies in 1934.

1889

The number of Skandia life assurance policyholders reaches 7,000. Most are middle-class men, but women and blue-collar workers are also starting to show a growing interest.

Thule introduces typewriters, calculating and book-keeping machines and telephones.

The Swedish Social Democratic Party is founded under the leadership of Hjalmar Branting.

1890

Skandia's growth necessitates construction of a new headquarters at Mynttorget Square and larger offices for its 80 employees. The company's agency operations are also expanding fast.

1891

The first motor car to appear in Sweden goes on show in Gothenburg.

The labour movement holds its inaugural 1 May celebrations.

Sven Palme

Sveriges mr Försäkring var löjtnanten som 1887 blev Skandias första livförsäkringschef, 1888–1931 gjorde Liv-Thule till landets ledande bolag och styrde branschen med fast hand.

Under tjugo år som liberal politiker arbetade Sven Palme för rösträtt och starkt försvar. Han stödde allmän folkpension och offentlig socialförsäkring – men varnade för att den skulle breda ut sig på de privata företagens bekostnad.

Han grundade dessutom herrekiperingsfirman MEA och stödde Finlands frigörelse från Ryssland ekonomiskt och genom aktivt underrättelsearbete.

Han brann för livförsäkringar och ansåg att vinsterna skulle gå till försäkringstagarna och inte till aktieägarna, och hans kritik mot branschens avarter ledde till skärpt lagstiftning. Sakförsäkringar fann han primitiva och utan social dimension, men han fick finna sig i att sonen Gunnar införde sådana när han tog över Thule. 1934 avled både Sven och Gunnar.

Den blivande statsministern Olof Palme, som på morgnarna brukade högläsa tidningens ledare för farfar Sven, var då sju år. Som arvinge var han en av delägarna som 1963 sålde Thule till Skandia. Den 28 februari 1986 mördades Olof Palme i hörnet av Sveavägen och Tunnelgatan – mellan det gamla Thulehuset och Skandia Livs huvudkontor.

Sven Palme

In 1887 Sven Palme became Skandia's first director of life assurance. The following year he joined Liv-Thule as president and over the next 43 years turned the company into Sweden's leading life assurer.

Palme was a liberal, campaigning for universal suffrage and strong defence. He supported a comprehensive state pension and state-funded social insurance but warned that the latter would expand at the expense of private insurers.

Palme also supported Finland's independence from Russia by providing financial backing and procuring intelligence.

He maintained that the profits from life assurance should go to policyholders rather than shareholders. His denunciations of the insurance industry's shortcomings led to legislative reforms. He regarded non-life insurance as a primitive product lacking a social dimension. However, his son Gunnar, who succeeded him at Thule, branched out into non-life activities. Father and son both died in 1934.

Sven Palme's grandson, the future prime minister Olof, liked to read newspaper leaders aloud to him. He was one of the Thule shareholders who in 1963 sold the company to Skandia. On 28 February 1986 Olof Palme was assassinated in central Stockholm between Thule's old head office and the headquarters of Skandia's life assurance business.

Sven Palme (1854–1934) var Thules vd i drygt 40 år. 1917 byggde livbolaget sitt eleganta hus på Kungsträdgårdsgatan 14 i Stockholm; i dag Systembolagets huvudkontor.

Sven Palme (1854–1934) was Thule's president for more than 40 years. In 1917 the company opened its elegant office building at Kungsträdgårdsgatan 14 in central Stockholm.

Livförsäkringsprospekt från Skandia, 1895.

Life assurance prospectus from Skandia in 1895.

Livräntebrev från Brand- och livför-säkringsaktiebolaget Skåne i Malmö, cirka 1900.

Life annuity certificate from Malmö-based fire and life insurer Skåne circa 1900.

1895
Bröderna Lumière öppnar den första bio-grafen i Paris.

1897
Andrée försöker nå Nordpolen med luft-ballong. Den andra Stockholmsutställ-ningen hålls.

Den driftige och framsynte Karl Herlitz blir vd för Skandia; han satsar internatio-nellt och kan till slut skörda vinster efter stora inledande utgifter i USA. Herlitz, som leder Skandia till 1918, är den ende som kan mäta sig med Thules mäktige Sven Palme.

1898
LO bildas.

1899
Trygg grundas av Adolf af Jochnick, som är vd till 1913 (efter 17 år som chef för pensionsstyrelsen återvänder han som vd 1930). Trygg var är ömsesidigt folkförsäk-ringsbolag. Genom en billigare försäkring ges arbetare möjlighet att teckna försäk-ringar, "lilla livförsäkringen", som samla-das in av ombud på arbetsplatserna. Bolaget blir snabbt näst störst efter Thule.

1900
Tre procent av befolkningen i Sverige är livförsäkrad, mot 10 procent i Tyskland och 30 procent i England.

Skandia går in på USA-marknaden.

1901
Lag om ersättning för olycksfall i arbetet införs, Sveriges första socialförsäkrings-lag.

För att bemöta uppkomlingsbolaget Trygg bildar Skandia, Svea, Thule, Victoria och Skåne det gemensamma Lifförsäk-ringsbolaget De Förenade, som senare blir ett renodlat gruppbolag.

Nobelpriset delas ut för första gången. Italienaren Marconi lyckas etablera en trådlös förbindelse över Atlanten.

Indelningsverket ersätts av allmän värnplikt. Dessutom beslutar riksdagen att införa allmän självdeklaration. Därmed blir det premiär för inkomstskatten.

1903
Sveriges första lag om försäkringsrörelse skiljer livförsäkringen från sakförsäkring-en så att aktieägarna inte kan få del av liv-försäkringstagarnas kapital. De ömsesidi-ga bolagen jämställs med aktiebolagen. Försäkringsinspektionen bildas för att skapa en ekonomiskt stabil bransch.

1895
In Paris, the Lumière brothers open the world's first cinema.

1897
Salomon August Andrée attempts to reach the North Pole in a hot-air balloon. The second Stockholm Exhibition takes place.

Karl Herlitz, a skilful and far-sighted business leader, is appointed as Skandia's president. He embarks on international expansion. After heavy initial costs, the US business starts to generate profits.

1898
The Swedish Trade Union Confederation is formed.

1899
Mutual insurer Trygg is founded by Adolf af Jochnick, who also becomes its presi-dent. He remains in this position until 1913, thereafter spending 17 years as head of the national pensions board before returning again to Trygg as president. Trygg's lower premiums attracts many blue-collar policyholders and the compa-ny grows to become the country's second-largest life assurer after Thule.

1900
Life assurance policies are held by 3 per cent of Swedes, compared to 10 per cent of Germans and 30 per cent of people living in Britain.

Skandia enters the US market.

1901
The Riksdag passes Sweden's first social insurance legislation – the Compensation for Injury in the Workplace Act.

Skandia responds to Trygg's emergence by joining Svea, Thule, Victoria and Skåne in forming De Förenade, a mutual life assurer.

The first Nobel Prize is awarded and Italian Guglielmo Marconi develops com-mercial wireless telegraphy. Sweden intro-duces compulsory military service and a national income tax.

1903
Sweden's first insurance statute stipula-tes the separation of life from non-life insurance so as to bar shareholders from access to life assurance policy capital. Mutuals are put on an equal footing with shareholder-controlled companies. Mean-while, the National Private Insurance Supervisory Service is created to promote financial stability in the industry.

Bröderna Wright genomför sin första flyg-
planstur – 37 meter.

1904
Högerpartiet Valmansförbundet bildas.

1905
Unionen med Norge upphör. Skandia –
som nu är 50 år – har dock kvar en hel
del försäkringar i grannlandet.

1906
Jordbävning och storbränder i San
Francisco kräver tusen liv och orsakar
skador för miljardbelopp. Skandia är ett
av få försäkringsbolag som kan betala ut
ersättning direkt (2,4 miljoner dollar),
tack vare god återförsäkring. Det ger före-
taget stor goodwill för framtiden – men
hela årets vinst försvinner.
　　För att öka sin flexibilitet och undvika
att livbolaget Skandia dras in i liknande
risker i framtiden bildas dotterbolaget
Freja, som ska ta hand om brandförsäk-
ringar och vad som senare kallas sakför-
säkring.
　　Skandia grundar Sveriges första perso-
naltidning, *Oss emellan.*

1907
Henry Ford startar tillverkning av bilar
enligt löpandebandprincipen.
　　Skandias vd Karl Herlitz genomför en
undersökning om personalens levnads-
villkor; det visar sig att många anställda
försöker leva ett medelklassliv med tid-
ning, telefon, tjänstefolk och sommarnöje
– fast lönen inte riktigt räcker till.

1909
Thule inköper den avancerade räknema-
skinen Comptograph för 2 500 kronor.
Storkonflikt utbryter i Sverige.

1911
Folkförsäkringsbolaget Framtiden bildas.
Folkförsäkring innebär att man riktar sig
till mindre bemedlade grupper, att premie-
betalningarna är små, ofta veckovisa,
samt att läkarundersökning inte krävs.
　　Ett konsortium bildas av Thules styrel-
se och familjen Palme för att hindra
Stockholms Enskilda bank från att ta
över; konsortiet har en majoritet av rös-
terna ända tills Thule säljs 1963.

1912
Stockholm är värd för sommar-OS.
　　August Strindberg avlider.

1913
Sverige inför som första land i världen all-

The Wright brothers complete the first
powered human flight – 37 metres.

1904
A new political party, the conservative
Public Election Alliance, is founded.

1905
Sweden's union with Norway is dissolved.
Skandia, celebrating its 50th anniversary,
retains considerable insurance interests
in the newly independent Norway.

1906
An earthquake and fires in San Francisco
claim 1,000 lives and cause massive
damage to property. Skandia is one of few
insurers able to pay out directly (US$ 2.4
million) thanks to good reinsurance
cover. The pay-out wipes out the compa-
ny's entire annual profit but wins popula-
rity with catastrophe victims.
　　Skandia forms Freja, a fire and non-life
insurance subsidiary. The company also
launches *Oss emellan* ("Between Us"),
the country's first staff magazine.

1907
Henry Ford starts the world's first assem-
bly-line production of motor cars.
　　A survey of lifestyles among Skandia
personnel commissioned by president
Karl Herlitz reveals that many staff are
living beyond their means in pursuing the
trappings of middle-class life such as ser-
vants, telephones and daily newspapers.

1909
Thule spends SEK 2,500 on Comptograph,
an advanced calculating machine.
　　A major industrial dispute hits Sweden.

1911
Framtiden, a new insurer offering low-
cost insurance to the less well-off sec-
tions of society, is launched.
　　The Thule board and the Palme family
form a consortium to fend off a takeover
by Stockholms Enskilda Bank. The con-
sortium retains a majority stake until
1963, when Thule is sold to Skandia.

1912
Stockholm hosts the Olympic Games.
Author August Strindberg dies.

1913
After 29 years of deliberations, Sweden
becomes the first country to introduce a
national state pension. The system is
administered by a new state pensions
board headed by Trygg president Adolf af

*Prospekt för livförsäkring och extra
invaliditetsförsäkring, Svea 1908.*

*Prospectus for life assurance and addi-
tional invalidity insurance, Svea 1908.*

*Prospekt för livförsäkring och extra
invaliditetsförsäkring, Thule 1912.*

*Prospectus for life assurance and addi-
tional invalidity insurance, Thule 1912.*

*Häfte om beräkning av premie-
befrielse på grund av sjukdom.*

*Booklet on premium exemption due
to sickness.*

*1920-talsbroschyr om inbrottsförsäk-
ring, Freja.*

*Brochure on burglary insurance by
Freja from the 1920s.*

män folkpension, en fråga som har
utretts sedan 1884. Folkpensionerna
administreras centralt av det nyinrättade
verket pensionsstyrelsen, som leds av
Adolf af Jochnick från Trygg. De utbetala-
de beloppen är dock små; ända till efter
andra världskriget är ålderspensionärerna
huvudgruppen för fattigvården.

1914
Folkrörelseägda livförsäkringsbolaget
Folket grundas – som komplement till
brandförsäkringsbolaget Samarbete
(grundat 1908). Namnen och bolagen
smälter 1946 samman till Folksam, som
ägs av sina medlemmar.
  Bondetåget och Gustaf V:s borggårds-
tal tvingar bort liberala regeringen Staaff.
  Första världskriget bryter ut.

1915
Amphion, Sveriges första återförsäkrings-
bolag, grundas i Göteborg av Pehr
Gyllenhammar senior, far till Skandias bli-
vande vd Pehr Gyllenhammar och farfar
till P G, också han blivande Skandia-vd.

1916
En lag införs om obligatorisk försäkring
av olycksfall i arbete; tidigare har det
räckt att arbetsgivare ersatt skadorna i
efterhand. Skandia hade länge drivit frå-
gan om yrkesskadeförsäkring – inte minst
på de olycksdrabbade sågverken, där
småpojkar gick runt och tog upp premier
i samband med veckolönen.

1917
Försäkringsinspektionens befogenheter
vidgas till bolagens återförsäkring.
Brattsystemet och Systembolaget införs.
Hungerdemonstrationer i Sverige.
Revolution i Ryssland; Skandia har en
omfattande verksamhet i S:t Petersburg
eftersom man försäkrat LM Ericssons
uppbyggnad av telefonnät i landet. Men
hinner precis sälja sin ryska verksamhet
före bolsjevikernas maktövertagande och
slipper därmed konfiskation.
  Finland förklaras självständigt den 6
december.

1918
Spanska sjukan härjar. Bara under årets
sista tre månader dör sex miljoner i värl-
den. 1918–20 avlider närmare 40 000
svenskar i den luftspridda sjukdomen,
trots att biografer och danslokaler tidvis
hålls stängda.
  Världskriget tar slut.

Jochnick. Pension benefits are modest,
however, and pensioners remain the main
recipients of poor relief until the end of
World War II.

1914
Folket is founded as a life assurance
counterpart to fire insurance specialist
Samarbete (itself founded in 1908). The
two companies merge in 1946 to form
Folksam, a mutual.
  Farmers stage demonstrations and a
courtyard address by King Gustaf V brings
down the ruling liberal government.
  Outbreak of World War I.

1915
Amphion, Sweden's first reinsurance
company, is founded in Gothenburg by
Pehr Gyllenhammar Sr, father of future
Skandia president Pehr Gyllenhammar Jr
and grandfather of P G Gyllenhammar,
who was also to head the company.

1916
Compulsory occupational injury insurance
is introduced as part of statutory social
insurance. Skandia had campaigned for
legislation to protect workers, especially
in sawmills, where accident rates were
high.

1917
The National Private Insurance
Supervisory Service's powers are exten-
ded to reinsurance and the Systembolaget
state alcohol monopoly is introduced.
Revolution grips Russia, where Skandia
has high exposure in St Petersburg since
it has insured Ericsson's telephone opera-
tions there. However, Skandia manages to
avoid confiscation of its assets by selling
its Russian operations just before the
Bolsheviks take power.
  Finland achieves independence on 6
December.

1918
A Spanish flu pandemic kills 6 million
people around the world in the last three
months of the year alone. An estimated
40,000 Swedes succumb to the infection
between 1918 and 1920, in spite of heavy
restrictions on cinema and dance hall
opening.
  World War I ends.

1919
Introduction of the eight-hour working
day and one week's paid annual leave for
industrial workers.

1919

Lag om åtta timmars arbetsdag införs, industriarbetare får en betald semestervecka.

1920

Premiär för pensionsförsäkringen, under beteckningen månadsinbetalning eller månadsinkomstförsäkring. Den första bilförsäkringen tecknas i Skandia.

27 procent av svenskarna är livförsäkrade. 150 försäkringsbolag är aktiva på riksplanet. Av Sveriges 117 000 kvinnliga tjänstemän arbetar 73 000 inom den privata sektorn.

1921

Allmän och lika rösträtt för män och kvinnor från 23 år. Dödsstraffet avskaffas.

1922

Kerstin Hesselgren blir Sveriges första kvinnliga riksdagsledamot. Depression råder. Svenskarna röstar nej till totalt spritförbud.

Skandia producerar – som första europeiska försäkringsbolag – en reklamfilm, med två yrkesskådespelare, resten är äkta Skandiaanställda. Under fem år ses den av 122 000 biobesökare.

1925

Radiotjänst inleder regelbundna sändningar.

1928

Alexander Fleming upptäcker penicillinet. Första behandlingen i Sverige äger rum 1944.

Livbolaget Trygg bildar landets första moderna försäkringskoncern; där ingår skadebolaget Fylgia, återförsäkringsbolaget Atlas och sjukförsäkringsbolaget Valkyrian.

1929

Lag om obligatorisk trafikförsäkring för bilar införs i Sverige. Året därpå tillkommer bilaskoförsäkringen. Under 1930-talet introduceras också de första kombinerade försäkringarna, "paketförsäkringar", för villaägare och företagare med flera.

Arbetsdomstolen drar igång.
Ekonomisk kris efter börsras i USA.

Premiär för ljudfilmen.

1930

Stockholmsutställningen banar väg för funktionalismen. Skandia-Freja är enda deltagande försäkringsbolag och belönar segrande ombud i en "löpande jubileumstävling" med en resa till utställningen.

1920

Retirement pensions enter the market under the name of "monthly payment" or "monthly income" insurance. Skandia writes its first motor insurance policy.

Twenty seven per cent of Swedes have life assurance policies and 150 insurance companies are active nationally in Sweden. Of 117,000 female white-collar workers, 73, 000 are employed in the private sector.

1921

Universal suffrage introduced for women aged 23 and over. The death penalty is abolished.

1922

Kerstin Hesselgren is elected as Sweden's first female member of parliament. Economic depression hangs over the country. Swedes vote no to alcohol prohibition.

Skandia becomes the first European insurer to produce a filmed commercial. Apart from two actors, the film features Skandia employees and is seen by 122,000 people around the country over the next five years.

1925

Scheduled state radio broadcasts begin.

1928

Alexander Fleming discovers penicillin. The first Swedish patient is treated with this new wonder-drug in 1944.

Life assurer Trygg founds Sweden's first modern insurance group. Subsidiaries include liability insurer Fylgia, reinsurance company Atlas and health insurer Valkyrian.

1929

Third-party motor insurance becomes mandatory in Sweden and vehicle damage insurance is introduced the following year. The 1930s also see the launch of the first insurance "packages" for homeowners, business people, etc.

The Swedish Labour Court is inaugurated. The Wall Street Crash triggers depression and crises across Western economies.

The first sound-film is made.

1930

The Stockholm Exhibition paves the way for functionalism. Skandia-Freja is the only insurance company in attendance at the event.

Bilförsäkringen växte snabbt efter första världskriget.

Motor insurance grew rapidly after World War I.

Skandias "Har ni något att försäkra?" från 1922 var en av landets första reklamfilmer. Nästan samtliga aktörer var anställda i företaget.

One of Sweden's first commercials was Skandia's "Do You Have Anything to Insure?" in 1922. Almost all the characters were played by company employees.

Vykort med reklam för livförsäkring i Nordstjernan, omkring 1930.

A postcard advertising life assurance company Nordstjernan in about 1930.

Att samla en rad småförsäkringar i en enda hemförsäkring var ett genigrepp som underlättade för både kunder och försäkringsbolag.

Consolidating small insurance policies into a single home insurance policy was an ingenious idea that made life easier for customers and insurers alike.

1931
Skotten i Ådalen.
   Nordstjernan köps av Skandia.

1932
Per Albin Hansson bildar regering och börjar skissa på folkhemmet. Kreuger dör i Paris.

1934
Lag om arbetslöshetsförsäkring införs.

1936
Även gifta kvinnor kan nu få anställning i Skandia, tre år innan rättigheten fastslås i lag. Tidigare har kvinnor förväntats sluta när de gift sig; undantaget har varit de som är gifta med Skandiaanställda män.

1938
Hemförsäkringen ser dagens ljus. Nu kan en privatperson för första gången samla olika försäkringar – brand-, inbrotts-, vattenledningsskade- och privat ansvarighetsförsäkring – i en försäkring med en premie och en förfallodag. För bolagen är detta en viktig produktutveckling; tidigare var det olönsamt att administrera alla småförsäkringar.
   SAF och LO sluter arbetsfred kring den svenska modellen i Saltsjöbadsavtalet. Två veckors semester lagstadgas, utom för anställda inom lantbruk eller småföretag.

1939
Andra världskriget bryter ut. Sverige får samlingsregering.

1940
En tredjedel av Skandias manliga anställda ligger inkallade i beredskapstjänst. Kvinnliga anställda gör insatser inom jordbruket. Förberedelser görs för att evakuera huvudkontoret från Stockholm. Krigsförsäkringar införs efter Tysklands invasion av Norge och Danmark.

1941
Thulehuset tas i bruk: Sveriges största och modernaste kontor. Drygt tjugo år senare ska även Skandia flytta in på Sveavägen 40–44 i Stockholm.

1944
Den första stordatorn – elektromagnetiska räkneautomaten Mark I – konstrueras i USA. Försäkringsbranschen med sitt stora behov att systematisera och behandla stora mängder data kommer att bli den första datoriserade sektorn i samhället.

1931
Skandia acquires Nordstjernan.

1932
Per Albin Hansson becomes prime minister and embarks on the creation of the Swedish welfare state. Swede Ivar Kreuger, known as the "match king", dies in Paris.

1934
Unemployment insurance is introduced.

1936
Skandia opens its doors to married women. Employment had previously been available only to single women, and those who married were expected to leave the company (unless the spouse also worked for Skandia). Three years later the government officially lifts all restrictions on married women in the workplace.

1938
Home insurance enters the market, allowing people to consolidate their various insurance policies under a single scheme and premium.
   The Swedish Employers' Confederation and the Swedish Trade Union Confederation sign the Saltsjöbaden Treaty on labour relations. All workers, aside from those employed in agriculture and small businesses, receive an annual paid vacation entitlement of two weeks.

1939
Outbreak of World War II. A national coalition government is formed in Sweden.

1940
One-third of Skandia's male employees are drafted into the military and emergency services, while female employees are seconded to work in the agricultural sector. Evacuation plans are drawn up for the head office in Stockholm. War insurance is introduced after Germany invades Norway and Denmark.

1941
Thule House – Sweden's largest and most modern office building – opens. Twenty two years later it becomes Skandia's headquarters and remains so to this day.

1944
Mark 1, the world's first full-sized digital computer, is unveiled in the US. The insurance industry's data processing requirements lead it to become the first sector of society to computerise.

1946
Fria måltider serveras i landets skolor.

1947
Källskattesystemet införs.

1948
Alla familjer får rätt till barnbidrag (260 kronor per barn och år). Ny lag med förbättrad folkpension går igenom.

1950
Skandias huvudkontor är utspritt på sju adresser i Stockholm; ett nytt diskuteras, men ingen central tomt kan uppbringas, Bergshamra i Solna är ett alternativ.
  Endast två procent av Sveriges befolkning är över 80 år, mot fem procent 2005.

1952
Passtvånget mellan de nordiska länderna slopas.

1953
Tre veckors semester införs.
  Skandia startar bolag i Colombia, huvudsakligen för försäkringar mot inbrott och bränder.

1955
Allmän sjukförsäkring införs – en fråga som började utredas 1913. Motboken avskaffas. 83 procent av svenskarna röstar nej till högertrafik.

1946
Free meals introduced in Swedish schools.

1947
A pay-as-you-earn income tax system is launched.

1948
Introduction of universal child benefit and improved state pensions.

1950
Skandia's head office functions are spread across seven sites in Stockholm. The company considers moving to a new, purpose-built headquarters but searches in vain for a suitable plot of land.
  A mere 2 per cent of Swedes are aged over 80. By 2005 this figure has risen to 5 per cent.

1952
Passport controls abolished for intra-Nordic travel.

1953
Three-week annual holiday entitlement introduced.
  Skandia opens a subsidiary in Colombia focused on burglary and fire insurance.

Sveavägen 40–44 på 1920-talet. Om drygt tio år ska Ljunglöfs snusfabrik och Pro Patria, Stockholms äldsta BB, ge plats åt Thulehuset.

Sveavägen 40–44 in the 1920s. Thule House was later built on this site.

En tidlös sanning som sålde företagsförsäkringar 1949.

"The boss thinks of everything."
A timeless adage that sold business insurance in 1949.

Skandias logotyp före de sista fusionerna på 1950- och 60-talet.

Skandia's logo in the 1950s.

1960-talsbroschyr från S-bolagen – de sammanslagna Skandia, Svea och Skåne.

Brochure produced in the 1960s by Skandia, Svea and Skåne after their merger.

Skandia fyller 100 år och startar ett bolag i Indien, som läggs ned 1971 då det indiska försäkringsväsendet förstatligas.

Även den svenska försäkringsbranschen känner under 50-talet ett hot om socialisering; kravet framförs länge av radikala socialdemokrater. Skandia bygger upp fonder till kampanjer mot förstatligande; avkastning från dessa stiftelser har senare delats ut till universitet och högskolor.

1956
Sveriges Radio inleder reguljära tv-sändningar.

1957
Thulebolaget tar sin första databehandlingsmaskin i bruk, en "trumminnesmaskin" av typen IBM 650; året innan har Folksam installerat Sveriges första kommersiella datamaskin.

1959
Förslaget om ATP godkänns efter att ha debatterats intensivt hela 1950-talet, fått bondeförbundet att lämna regeringen och lett till en oklar folkomröstning. Många befarar att införandet av allmän tilläggspension innebär dödsstöten för försäkringsbolagen. Det blir tvärtom. Debatten leder till att många får upp ögonen för pensionsfrågan, och inser att ATP ändå inte ger så mycket. Ännu fler tecknar pensionsförsäkringar, för att ge ålderdomen en extra guldkant. Pensionsförsäkringar är länge skattemässigt starkt gynnade, med obegränsade avdragsmöjligheter.

En omsättningsskatt, oms, på 4 procent införs. 1968 kommer momsen, som börjar på 10 procent och sedan stiger.

1960
Välståndet har vuxit under hela 1950-talet, breda grupper har fått det bättre ekonomiskt och behovet av sakförsäkringar ökar snabbt. Bilförsäkringen har tiodubblat sin andel på tio år.

Skandia har inte riktigt insett den spridda välfärden, utan fortsatt att fokusera sig på den traditionella medelklassen, och tappat marknadsandelar på både liv- och saksidan. 1960 svarar Skandia för 5–6 procent av all försäkring i Sverige. Den som ska ändra på det är Pehr Gyllenhammar, vd för Svea i Göteborg. Han genomdriver samgåendet mellan Skandia och Svea, och Skandia köper samma år bolaget Skåne av familjen Roos på Skånska banken. Skandias vd Bengt Petri avgår.

1955
General sickness insurance is introduced, alcohol rationing is abolished and proposals to switch to driving on the right are rejected by a resounding majority of 83 per cent.

Skandia celebrates its centenary and opens a subsidiary in India (which is wound up in 1971 when the Indian government nationalises the insurance industry). Sweden's insurers are also threatened by nationalisation during the 1950s and Skandia creates trusts to fund campaigns against any such moves. Dividends on these funds were later paid out to universities and colleges.

1956
Swedish Radio commences scheduled TV broadcasts. Folksam introduces Sweden's first commercial computer.

1957
Thule uses a computer – an IBM 650 magnetic drum calculator – for the first time.

1959
The ATP employer pension scheme is approved to supplement the state pension system after a decade of intensive debate. Many fear it sounds the death knell for insurers – but the outcome is exactly the opposite. Many people realise that the ATP system offers only a modest increment and growing numbers sign new private pension plans (which offer major tax benefits).

The government imposes a 4 per cent tax on corporate turnover. VAT arrives in 1968, starting at 10 per cent but quickly rising.

1960
Non-life insurance is growing fast, reflecting a decade of economic progress in which many groups of society have prospered.

Skandia, however, is still focused primarily on the traditional middle class and is losing market share in life and non-life insurance. In 1960, the company accounts for just 5–6 per cent of all insurance in Sweden and Pehr Gyllenhammar, chief executive of Svea in Gothenburg, is appointed to increase this share. He merges the two companies and later that year acquires Skåne. Skandia president Bengt Petri resigns.

1961

Pehr Gyllenhammar blir vd och koncernchef för Skandia – när han två år senare är klar med alla fusionsaffärer har bolaget en marknadsandel på 33 procent. Då ingår även Öresundsgruppen och Thule i den nya försäkringsjätten. En viktig anledning till de omfattande sammanslagningarna är att staten i praktiken har tvingat branschen till omstrukturering.

1963

Thules vd Alvar Lindencrona vill inte bli inköpt. Han tänker fortsätta att vara störst, och satsar expansivt på tre räddningsbolag i motorbranschen. Men i stället för monopol och goda vinster blir det priskrig, dunderförlust och akut kassakris för Thules sakbolag. Lindencrona kan inte använda livspararnas pengar i Liv-Thule och försäkringsinspektionen tillåter ingen överföring av kapital. Thule tvingas acceptera Skandias bud på 600 000 kronor för hela försäkringsgruppen.

En av säljarna i konsortiet som äger Thule, byråchefen och blivande statsministern Olof Palme, har invändningar mot att den nya koncernen blir så dominerande – men eftersom han själv äger endast nio aktier avstår han från att agera. Försäkringsinspektionen gör dock klart för Gyllenhammar att Skandia har vuxit färdigt i Sverige.

Fyra veckors semester införs.

1964

Den nya Skandiakoncernen med paraplylogotyp presenteras den 28 december. Koncernen, som ett tag kallas S-bolagen, är en fusion av fem bolagsgrupper som från början varit 53 svenska försäkringsbolag.

1965

Sveriges första kärnkraftverk börjar byggas i Oskarshamn.

Skandia flyttar in i Thulehuset, som blir Skandiahuset.

1966

Arbetsveckan är nu nere i 42 ½ timmar.

1967

Högertrafik införs den 3 september. Försäkringsbolagen har länge drivit frågan, eftersom alla studier tyder på att ett byte skulle minska trafikolyckorna. Mycket riktigt sjunker olyckssiffrorna markant och de befarade övergångsproblemen uteblir.

1961

Pehr Gyllenhammar is appointed Skandia president and chief executive. By the end of his restructuring and acquisition drive two years later, the company's market share has soared to 33 per cent. A key driver of the merger fever was government legislation that in practice meant the industry was forced to restructure.

1963

Skandia launches a takeover bid for Thule. Alvar Lindencrona, Thule's president, at first resists. His vision had been for Thule to be market leader but price wars, losses and a liquidity crisis have exhausted its non-life assets and brought the company to its knees. Thule accepts Skandia's SEK 600,000 offer.

Olof Palme, the future prime minister, is a member of the Thule shareholder consortium that sells the company to Skandia. He has reservations about the market dominance of the new Skandia but keeps his own counsel since he owns only nine shares in Thule. However, the Swedish Insurance Supervisory Board makes it clear to Gyllenhammar that any further expansion by Skandia in its home market will be blocked.

The annual paid holiday entitlement is raised to four weeks.

1964

The new Skandia group is unveiled along with its umbrella logo. The group is the product of five groups of companies that once consisted of 53 different Swedish insurers.

1965

Sweden starts construction of its first nuclear power plant, at Oskarshamn on the south-east coast. Skandia relocates to Thule's headquarters, renaming the building Skandia House.

1966

The working week is now reduced to 42½ hours.

1967

Sweden changes from driving on the left to driving on the right. Skandia has long supported the switch since research shows a conclusive link to fewer accidents. Just as predicted, accident rates drop and warnings of transitional problems come to nothing.

Thules vd Alvar Lindencrona (1911–81) satsade på räddningsbolag, vilket orsakade så stora ekonomiska problem att bolaget tvingades gå upp i Skandia.

Alvar Lindencrona (1911–81) invested in rescue insurance, precipitating financial problems so serious that Thule was forced to let Skandia take over.

Pehr Gyllenhammar (1901–88) var branschens stora fusionär. Han började i sjöförsäkringsbolag i Göteborg och blev vd för Skandia 1961.

Pehr Gyllenhammar (1901–88) was the merger and acquisition king of Swedish insurance. He became Skandia president in 1961.

1964 introduceras paraplylogotypen.

Skandia's umbrella logo from 1964.

*Efter åratal av lobbying och informa-
tion infördes högertrafik i Sverige 1967.*

*After years of debate, Sweden switched
to driving on the right ("höger" in
Swedish) in 1967.*

*Skandiamannen gjorde entré i rekla-
men på 60-talet.*

*The "Skandia man" made his en-
trance in the company's advertising
during the 1960s.*

1968

Skandia beslutar att lämna Svenska skade-
föreningen, och bryter ett nära hundra-
årigt branschsamarbete i prissättnings-
frågor. Anledningen är att Skandia vill
kunna konkurrera med det snabbt växan-
de Folksams lägre premier.

I slutet av 60-talet beslutar Skandias
styrelse – efter viss mättnad på hemma-
marknaden – att åter satsa mer mål-
medvetet på internationell försäkring.
Snart blir det en rejäl omstart på den
amerikanska marknaden.

1969

Höststormen får de största skadeverk-
ningarna i Sverige sedan Skandias grun-
dande. Hårdast drabbas Västsverige.

Alvar Lindencrona från Thule har vän-
tat i kulisserna, men får inte ta över sta-
fettpinnen i Skandia. Pehr Gyllenhammars
son Pehr Gustaf – senare mer känd som
PG – utses till koncernchef. Han hade
efter några år på försäkringsbolag i
Göteborg kommit till Skandia som biträ-
dande administrativ chef; inom kort ska
han lägga grunden till det moderna
Skandia med framtidsforskning och nya
organisationsformer.

1970

Skandia utlokaliserar ett stort försälj-
ningskontor till Sundsvall. Finansminister
Gunnar Sträng, som inviger lokalerna,
lovar att staten inte ska vara sämre, och
flyttar CSN och PRV till Sundsvall.

Försäkringsbranschen står på toppen.
850 anställda i Sverige år 1900 har vuxit
till 17 000, plus otaliga fritidsombud.
Premieinkomsterna har samtidigt fem-
tonfaldigats – i fast penningvärde.

Efter knappt ett år som vd för Skandia
tackar PG Gyllenhammar ja till att bli vd
för Volvo i Göteborg. Thulemannen Arne
Lundeborg blir ny vd på Skandia, och sit-
ter på posten till 1981. Under hans tid får
koncernen sitt internationella genombrott
och ett frö sås till den långsiktiga spar-
rörelsen.

Skandia öppnar ett återförsäkringskon-
tor i Australien. Bolaget startar också en
internationell flygavdelning som blir fram-
gångsrik. När konkurrenterna beräknar
risker efter antalet flygkilometer utgår
Skandia från starter och landningar – och
får därmed många långtflygande kunder;
de flesta traditionella bolagen vågar inte
försäkra de nya jumbojetarna.

Enkammarriksdag väljs för första gång-
en. 40 timmars arbetsvecka införs.

1968

Skandia breaks almost 100 years of pric-
ing co-operation with other industry play-
ers in order to compete with fast-growing
Folksam's lower premiums.

Responding to slower growth in
Sweden, Skandia's board adopts a strong-
er focus on international insurance.
Operations resume in the US and the
company expands quickly there.

1969

Autumn storms cause the greatest overall
damage to property in Skandia's history.
Western Sweden is hit hardest.

Pehr Gyllenhammar is succeeded as
chief executive not by former Thule chief
Alvar Lindencrona but by his son, Pehr
Gustaf "PG" Gyllenhammar. Under his
leadership Skandia emerges into the
modern era with new organisational
structures and a strong emphasis on
research.

1970

Skandia relocates a large office to
Sundsvall. Gunnar Sträng, then finance
minister, officially opens the new building
and follows Skandia's example by moving
several large government agencies to the
same town.

The insurance industry is at its peak.
From 850 employees in Sweden in 1900,
the sector now has 17,000 personnel.
Premium income over the 70 years has
risen fifteen-fold in real terms.

After less than a year at the Skandia
helm, PG Gyllenhammar leaves to take
over at Volvo in Gothenburg. Arne
Lundeborg, a Thule executive, succeeds
him as chief executive – a post he retains
for 11 years. Under his leadership Skandia
achieves an international breakthrough
and sows the seeds of the investment
savings wave.

Skandia opens a reinsurance office in
Australia and also launches a successful
international aviation insurance arm.
While its competitors evaluate risk based
on distances flown, Skandia bases its
estimates on take-off and landing figures.
This strategy wins it many long-haul
customers. Most traditional insurers
decline to offer cover for the new long-
distance jumbo jets.

A single-chamber Riksdag is elected
for the first time and a 40-hour week
becomes law.

1971

The Skandia group now consists in reali-
ty of just two companies: parent compa-

1971

Inom Skandiakoncernen återstår nu i praktiken bara två bolag: moderbolaget Skandia och Liv-Thule, som byter namn till Skandia Liv (plus det vilande återförsäkringsbolaget Skandia Re och lilla sjukförsäkringsbolaget Skandia Eir).

Trygg-Fylgia går samman med Svenska Lif-Städernas-Hansa och Framtiden, resultatet blir TryggHansa.

1974

Ny regeringsform och riksdagsordning. Myndighetsålder och rösträttsålder sänks till 18 år.

1975

Skandiadagen i Sundsvall arrangeras för första gången; här har ledande företrädare för stat och näringsliv medverkat varje år sedan dess.

1976

44 år av socialdemokratiskt maktinnehav bryts när Thorbjörn Fälldin ersätter Olof Palme som statsminister. MBL införs.

1977

Ras i Tuve den 30 november. Nio döda och materiella skador för mångmiljonbelopp. Försäkringsbolagen är på plats redan dagen därpå och betalar ut skadeersättningar från rullande kontor – ett helt nytt sätt att möta drabbade kunder.

Finansmannen Anders Wall köper in sig i Skandia, och äger ett tag hela 20 procent av aktierna – vilket ogillas av den jämnstora Wallenberggruppen. Wall tar plats i styrelsen och bidrar till att Skandia satsar på fastigheter, och med tiden blir Sveriges största privata fastighetsägare.

För första gången uppstår en arbetskonflikt på Skandia, då nyckelgrupper tas ut i strejk efter en inkomstsänkning. Den fackliga anslutningen har alltid varit hög inom Skandia, 90 procent av personalen tillhör vid denna tidpunkt Försäkringstjänstemannaförbundet – som organiserar både högavlönade fältmän och kontorsanställda med lägre lön, vilket ibland medfört interna spänningar.

Fem veckors semester införs.

1978

På tio år har Skandia förlorat nära en halv miljard kronor på försäkringsverksamheten. Konsumentsidan innebär störst problem med pressade premier och omfattande skador. Trots en tillfällig uppgång efter premiehöjningar blir skadeförsäkring i Sverige aldrig mer långsiktigt lönsamt för Skandia.

ny Skandia and life assurer Liv-Thule, which changes name to Skandia Liv (plus the dormant reinsurer Skandia Re and a small sickness insurance subsidiary, Skandia Eir).

Skandia competitor Trygg-Fylgia merges with Svenska Lif-Städernas-Hansa and Framtiden to form a new group, TryggHansa.

1974

In Sweden, the voting age and the age of majority are lowered to 18.

1975

An inaugural "Skandia Day" is held in Sundsvall, attended by senior representatives of business and government. It becomes an annual event.

1976

Forty four consecutive years of Social Democratic government are broken when the Centre Party's Thorbjörn Fälldin succeeds Olof Palme as prime minister. The Co-determination in the Workplace Act enters the statute book.

1977

A landslide at Tuve near Gothenburg on 30 November kills nine people and causes millions of kronor of damage. Insurance companies set up temporary offices at the disaster scene the following day to provide on-the-spot pay-outs. This marks a new approach to helping customers in times of need.

Anders Wall, a financier, acquires a holding in Skandia. At one point his stake rises to 20 per cent, much to the dislike of the Wallenberg business empire, which controls a similar amount of the equity. Wall is elected to the board and encourages the company to invest in property. Skandia goes on to become one of Sweden's largest private real estate owners.

Skandia experiences its first industrial dispute when unions call members out on strike in protest at a pay cut. Union membership among company employees has always been high and 90 per cent of Skandia staff at this point belong to the National Federation of Insurance Workers.

The Riksdag enacts a law entitling all workers to five weeks' annual paid holiday.

1978

Ten years of accumulated losses in Skandia's insurance business approach SEK 500 million, with falling premiums and heavy claims in the company's con-

Bilförsäkringarna ökade kraftigt under 1960- och 70-talet, men priskrig mellan bolaget pressade premierna hårt.

Motor insurance grew strongly in the 1960s and '70s but price wars among insurers suppressed premium levels.

Skandias första arbetskonflikt var en lönestrejk 1977.

Skandia's first industrial dispute was a pay strike in 1977.

Efter sex års kamp fick damfrisörskan Ingrid, som skadats i en bilolycka, rätt mot Skandia – tack vare arga artiklar av Expressens Curt Rådström. Kampanjen gav honom Stora journalistpriset, och ledde till att Skandia inrättade en kundombudsman.

A hairdresser named Ingrid won a six-year fight for compensation from Skandia for car whiplash injuries. Following a successful newspaper campaign by Expressen on Ingrid's behalf, Skandia appointed a consumer ombudsman.

Skandias vd Björn Wolrath köpte 1988 tillbaka Skandia International, som tre år tidigare börsintroducerats under Hans Dalborg.

In 1988, chief executive Björn Wolrath repurchased Skandia International – three years after it had been floated on the stock market by Hans Dalborg.

Skandia Life UK startas i Storbritannien inom den nya verksamheten fondförsäkring (unit link), där kunder kan välja fonder från flera olika förvaltare.

1979
Expressens reporter Curt Rådström tar sig an fallet med Ingrid som skadades svårt i en bilolycka sex år tidigare. Skandia har vägrat ersätta henne helt för whiplash-skadan. Efter 16 artiklar inser Skandia att bolaget gjort fel. Ingrid får full ersättning, Rådström tilldelas Stora journalistpriset och Skandia inrättar en ny tjänst – en kundombudsman som ska se till att liknade fall undviks i framtiden.

Skandia köper Skandia Life, som placeras i Southampton och med åren blir en stor framgång; företaget är ett av de första som säljer pensionsförsäkringar med fondanknytning. Skandia Life ingår tillsammans med Royal Skandia – offshorebolag på Isle of Man – i UK Skandia Group.

1980
Finanschefen Björn Wolrath blir ny vd för Skandia och organiserar om företaget i fem divisioner.

I början av 1980-talet blir Skandia en av världens största återförsäkrare, med verksamhet i ett hundratal länder.

Oljeriggen Alexander Kielland slår runt, 123 man omkommer och kostnaderna för Skandia är omfattande.

1981
Skandias flyg- och rymdavdelning inbjuds av amerikanska NASA till uppskjutningen av den första rymdfärjan, och etablerar sig som försäkringsgivare vid rymdfärder, framför allt av farkosternas satelliter.

1985
Skandias utlandsverksamhet börsnoteras som Skandia International, lett av vd Hans Dalborg.

Skandia sluter avtal med Sophiahemmet i Stockholm om en sjukförsäkring som banar väg för privata komplement till den offentliga vården.

1986
Engångsskatt införs på kapitalavkastningen för livförsäkring och pensionssparande.

1987
American Skandia grundas. Första steget i ett nordiskt samarbete tas när det finländska försäkringskoncernen Pohjola blir största delägare i Skandia, som i sin

sumer business causing the primary headache. Premium increases bring temporary respite but Swedish liability insurance will never again be a long-term profitable business for Skandia.

Skandia Life UK is launched as part of the new trend in unit-linked assurance, whereby customers select different funds from a range of fund companies.

1979
Curt Rådström, a reporter for the Expressen newspaper, takes up the case of Ingrid, a woman suffering from a serious whiplash injury sustained in a car accident six years earlier. Skandia refuses to pay compensation for the injury but after a series of 16 articles realises it has made a mistake and makes a full pay-out. Rådström receives the Stora Journalistpriset, Sweden's equivalent of the Pulitzer Prize. Skandia appoints a customer ombudsman to prevent the recurrence of similar cases.

Skandia purchases Skandia Life (UK) and establishes the new subsidiary's head office in Southampton. Skandia Life (UK), one of the first companies to sell fund-related pension schemes, is to prove a highly successful venture. It forms UK Skandia Group together with the offshore subsidiary Royal Skandia.

1980
Chief financial officer Björn Wolrath is appointed as Skandia's new chief executive. He restructures the company, organising it in five divisions.

Skandia starts the 1980s as one of the world's largest reinsurers, with operations in 100 countries.

Some 123 lives are lost in the Alexander Kielland oil rig disaster. Skandia incurs heavy costs in the wake of the accident.

1981
Skandia is invited by NASA to attend the launch of it's first shuttle, and establishes itself as a space travel insurer, providing cover primarily to satellites launched into orbit.

1985
Skandia spins off its international operations and floats them on the stock market as Skandia International, headed by chief executive Hans Dalborg.

Skandia signs a sickness insurance deal with Queen Sophia Hospital in Stockholm that paves the way for private alternatives to the state health service.

tur blir tredje största ägare i Pohjola.

Stiftelsen Idéer för livet sjösätts på initiativ av Björn Wolrath. Det är Skandias sätt att stödja organisationer och projekt som arbetar förebyggande med barn och ungdomar. Skandiaanställda får också möjlighet att arbeta ideellt ett par betalda timmar i månaden.

1988

Skandia köper tillbaka Skandia International från börsen för att få större volym; samtidigt får man tillbaka latenta risker på den amerikanska marknaden.

Den brittiska oljeplattformen Piper Alpha exploderar. 167 arbetare dödas och försäkringsbolagen – däribland Skandia – får betala ut nära tre miljarder kronor. En annan kostsam katastrof under året är PanAm-planet som sprängs över skotska Lockerbie.

1989

Skandia satsar åter på försäljning av unit link-produkter i USA, under ledning av Jan Carendi, chef för Skandia Internationals affärsområde långsiktigt sparande.

Supertankern Exxon Valdez går på grund utanför Alaska och orsakar stora miljöskador. Exxon döms senare till skadestånd på drygt 30 miljarder kronor, vilket även belastar Skandia.

Skandia köper det norska försäkringsbolaget Vesta, som senare kompletteras av danska Konglige Brand i en skandinavisk försäkringskombination.

Som fastighetsägare genomför Skandia en pietetsfull renovering av Berns salonger i Stockholm. Bolaget är även med och bygger om Råsunda fotbollsstadion och Sturegallerian.

1990

Katarina kyrka totalförstörs i en brand, Skandia betalar ut 50 miljoner kronor i bolagets sista stora skadeförsäkringsersättning.

Premiär för Skandia Link som erbjuder fondförsäkringar på den svenska marknaden.

S-E-Banken försöker ta över Skandia (kapitalförvaltningen lockar). Det misslyckas – bland annat för att bolagsordningen från 1855 fastslår att ingen aktieägare kan få fler än fem röster. Under de närmaste tre åren försöker även norska försäkringsbolaget Uni Storebrand och danska kollegan Hafnia ta makten i Skandia, men stupar på samma regel.

1986

A tax is imposed on life assurance and pension policy disbursements.

1987

American Skandia is founded. Finnish insurer Pohjola becomes Skandia's largest shareholder, and Skandia becomes the third-largest shareholder in Pohjola.

At Björn Wolrath's behest Skandia launches Ideas for Life, an initiative that conducts preventive efforts to improve the lives of children and young people via community projects. Skandia employees are given the opportunity to volounteer for the project a couple of hours each month.

1988

Skandia delists Skandia International, which rejoins the Skandia group. The transaction requires Skandia to assume latent risks relating to the US market.

An explosion on Piper Alpha, a UK North Sea oil rig, kills 167 people and costs Skandia almost SEK 3 billion. Another costly tragedy occurs when a bomb explodes on board a Pan Am airliner above the Scottish town of Lockerbie.

1989

Jan Carendi, head of Skandia International's long-term savings business unit, spearheads an initiative to increase Skandia's share of the US variable annuities market.

The Exxon Valdez oil tanker runs aground outside Alaska, causing an oil spill that devastates the marine environment. Exxon has to pay more than $4 billion in damages, a settlement that also has financial repercussions for Skandia.

Skandia acquires Norwegian insurer Vesta and later adds Denmark's Konglige Brand to offer a pan-Scandinavian insurance portfolio.

Skandia also completes a painstaking restoration of Berns Salonger, a restaurant building in central Stockholm. The company also refurbishes Stockholm's Råsunda national football stadium and the Sturegallerian shopping mall.

1990

Katarina kyrka, one of Sweden's finest churches, is destroyed by fire. Skandia's insurance liability totals SEK 50 million.

Skandia Link is launched to provide unit-linked savings to the Swedish market.

Attracted by Skandia's asset management operations, S-E-Banken mounts a takeover bid for Skandia. The bid fails, partly due to an obscure restriction on

Sturegallerian i Stockholm ägdes och totalrenoverades av Skandia, som under åren växte till en av landets största privata fastighetsägare. Berns salonger var en annan påkostad renovering.

The Sturegallerian shopping mall in Stockholm was owned by Skandia, which became one of the country's largest private real estate owners.

Skandia Link erbjuder sedan 1990 fondförsäkringar.

Skandia Link launched unit-linked assurance in 1990.

Skandiabanken grundades 1994 och blev snart en prisbelönt nischbank.

Niche bank SkandiaBanken was founded in 1994 and was soon winning awards.

1990-talsreklam för Skandias sparprogram med fondförvaltning.

Advertising for Skandia's savings plans in the 1990s.

1991

Alla ombord överlever mirakulöst när ett SAS-plan nödlandar utanför Gottröra nära Arlanda. Skandia finns med bland försäkringsbolagen.

1992

Skandia får akuta finansiella problem när stora lån ska läggas om under räntekrisen. Företagets likviditet räddas av Handelsbanken.

Orkanen Andrew blir den dyraste naturkatastrof som dittills drabbat USA. På grund av en snårig härva av återförsäkringar får Skandia till slut stå för 550 miljoner kronor.

1993

För första gången på 137 år ger Skandia ingen aktieutdelning, efter det sämsta resultatet någonsin.

1994

SkandiaBanken grundas som ett alternativ till storbankerna, med bättre räntor och service via telefon och så småningom internet. Banken växer kraftigt och får en rad utmärkelser.

Skandia genomför en nyemission på nära tre miljarder kronor – och lättar samtidigt på rösträttsprincipen, så att aktieägare kan få upp till 30 röster på bolagsstämman.

Svenska försäkringsbolag får fritt etablera sig inom EU – liksom andra EU-bolag i Sverige – och sälja försäkringar till kunder i andra länder. I praktiken hindrades utvecklingen av skillnader i skatteregler och försäkringsavtalsrätt.

Globaliseringen och den gemensamma inre marknaden leder till en ny fusionsperiod inom Norden.

Skatteavdraget på pensionssparande sänks från ett helt till ett halvt basbelopp, vilket leder till att fler vill utnyttja åtminstone den ransonen; samtidigt ökar intresset för kompletterande försäkringar i takt med nedskärningar inom den offentliga vården och omsorgen.

1995

Sverige går med i EU.

Skandia och brittiska Barclays Bank är först av Europas banker och försäkringsbolag med hemsida på internet. skandia.com följs av ytterligare drygt femtio Skandia-sajter.

Skandia är nu Nordens i särklass största försäkringsbolag, med drygt dubbelt så stora premieintäkter som närmaste konkurrenterna SPP, Pohjola och Sampo.

De krympande sektorerna internatio-

voting powers in Skandia's articles of association from 1855. Norwegian insurer Uni Storebrand and its Danish counterpart Hafnia both attempt to take control of Skandia in the next three years only to fall foul of the same rule.

1991

Skandia is among the insurers of an SAS airliner that crash-lands in forest north of Stockholm. Miraculously, all passengers and crew members survive.

1992

Skandia's financial problems mount as maturing loans have to be renegotiated at much higher interest rates during the height of Sweden's bank crisis. Handelsbanken steps in to guarantee the company's liquidity.

Hurricane Andrew hits the United States, causing the country's most costly natural disaster. A complex reinsurance web results in Skandia having to foot a SEK 550 million bill.

1993

Skandia suspends its dividend for the first time in 137 years after posting its biggest ever annual loss.

1994

Skandia launches SkandiaBanken, a niche alternative to the large, established banks. Lower interest rates on loans, as well as telephone and Internet banking services prove popular with customers, helping the newcomer to achieve rapid growth and bringing a series of accolades.

Skandia raises SEK 3 billion in a new share issue and also amends its articles of association to allow shareholders wider voting rights at annual general meetings.

Swedish insurers gain the rights to establish operations freely in the European Union and to sell insurance to overseas customers, while foreign competitors gain similar rights in Sweden. In practice, however, this harmonisation is hampered by variations in tax regulations and insurance legislation.

Globalisation and the extension of the European common market spur a new wave of Nordic mergers and acquisitions. The government reduces tax deductibility on pension contributions but demand for private alternatives continues to grow amid cutbacks in state welfare benefits.

1995

Sweden joins the European Union.

Skandia and Barclays become the first

nell återförsäkring och skadeförsäkring slås samman. I japanska Kobe dödar en kraftig jordbävning över 5 000 personer; Skandia är med och betalar skadorna. I USA säljer Skandia två direktförsäkringsbolag och ett återförsäkringsbolag – risken för skadestånd (asbestskador, miljöskador, misslyckade operationer) är för stor.

1996
Skandia försöker förgäves förvärva Stadshypotek.

1997
All kvarvarande återförsäkringsverksamhet säljs till Hannover Re. Lars-Eric Petersson, som anställts i Skandia 1992 för att bringa ordning i finanserna, utses till ny vd efter Björn Wolrath.

Skandias börskurs och resultat i USA stiger kraftigt, vilket medför kraftig utveckling på flera bonusprogram som löper till och med 1999.

1998
Hösten 1998 lanseras Skandias Kompetensförsäkring, där medarbetaren och företaget gemensamt sätter av pengar för individens kompetensutveckling (en utbildning, en hobby, ett intresse, kanske en ny yrkesbana).

1999
Skadeförsäkringens premier har stagnerat och Skandia och norska Storebrand slår ihop sina sakförsäkringsverksamheter till det gemensamma bolaget If. Därmed måste Skandia sälja sitt norska bolag Vesta.

Skandias dotterbolag Sinser är Europas största förvaltare av captivebolag; interna bolag som sköter ett stort företags egna försäkringar. Detta är sista versen på ett av Skandias huvudnummer genom historien, industriförsäkringar. Nu stannar överskottet av försäkringsverksamheten i storföretagen.

2000
American Skandia ligger i topp inom sitt segment i USA och på Stockholmsbörsen är Skandia näst högst värderat av alla bolag (efter Ericsson).

2001
Kraftig börsnedgång påverkar Skandias försäljning och resultat – inte minst i USA.

European insurer and bank respectively to go online. skandia.com is followed by a further 50 Skandia websites.

Skandia is now the dominant insurance group in the Nordic region, with premium income roughly double that of its closest competitors SPP, Pohjola and Sampo. It merges its international reinsurance and non-life operations, both suffering from declining demand. More than 5,000 people are killed in a severe earthquake in the Japanese city of Kobe. Skandia is among the insurers that foot the bill for damage. The risk of claims in the US for asbestos injuries, environmental pollution and failed medical operations leads Skandia to sell two direct insurance companies and a reinsurance company there.

1996
Skandia attempts unsuccessfully to acquire Swedish mortage lender Stadshypotek.

1997
Skandia sells all its remaining reinsurance operations to Hannover Re. Lars-Eric Petersson, recruited to Skandia in 1992 to restore the company's financial health, succeeds Björn Wolrath as the new CEO.

Skandia posts rapid earnings growth in the US and its shares rise strongly, dramatically increasing the value of the stock options held by several senior executives.

1998
Skandia also launches Competence Accounts, a scheme whereby employees and their company jointly contribute to fund employees' personal and professional skills development.

1999
Non-life premium income is flat and Skandia merges its non-life businesses with those of Norway's Storebrand to form If, a new jointly-owned company. Skandia is forced to divest its Norwegian subsidiary Vesta as a condition for completing the transaction.

Skandia subsidiary Sinser is Europe's largest manager of captives (companies formed to insure the risks of their parent corporations).

2000
American Skandia is the top company in its segment in the US and Skandia's market capitalisation is the second highest on the Stockholm Stock Exchange (after Ericsson).

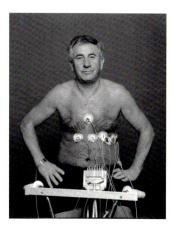

Småföretagare som inte kan vänta i vårdköer är en målgrupp för Skandias sjukvårdsförsäkring.

Owners of small businesses who cannot afford to wait in hospital queues are a target group for Skandia's sickness insurance policies.

Efter 144 år avyttrar Skandia sin skadeförsäkring – till If, som man till 2004 äger med norska Storebrand.

After 144 years, Skandia divested its non-life insurance business to If, which it co-owned with Norway's Storebrand until 2004.

Bonussystem och andra förmåner orsakar stor debatt på Skandias bolagsstämma 2003.

Bonus schemes and other perks spark a stormy debate at Skandia's annual general meeting in 2003.

2002

Kapitalförvaltningen, som under många decennier varit en viktig del av Skandia, säljs till Den norske Bank. I köpet ingår fondförvaltningsbolaget Carlson, som Skandia köpt strax innan.

Stora förluster i USA och risk för kostsamma efterdyningar gör att Skandia med mångmiljardförlust säljer American Skandia till den amerikanska försäkringsjätten Prudential.

Långtgående bonusprogram till ett antal höga Skandiachefer uppmärksammas och kritiseras.

2003

Bonusdebatten fortsätter. Flera olika utredningar genomförs, av både advokater, revisorer och överåklagare. Händelserna och den omfattande kritiken belastar både Skandias varumärke och företagets försäljning. Förre riksbankschefen Urban Bäckström utses till ny vd för Skandia Liv. Undersökningar inleds för att klarlägga affärer mellan livbolaget och moderbolaget.

Lars-Eric Petersson tvingas avgå efter bolagsstämman. Leif Victorin blir tillförordnad vd tills Hans-Erik Andersson – med bakgrund i bland annat Skandia och Skandia International – tillträder i januari 2004.

2004

Finländska finanskoncernen Sampo köper skadeförsäkringsbolaget If av Skandiakoncernen och Storebrand.

2005

Det tidigare försäkringsbolaget Skandia fyller 150 år som ett internationellt företag för långsiktigt sparande.

2001

A stock market slump hits Skandia's sales and profits hard, especially in the US.

2002

Skandia sells its asset management business, for decades a vital part of Skandia, to Norway's Den norske Bank. The divestment also includes Carlson, a newly acquired fund management company.

Heavy losses in the US and the risk of even larger deficits cause Skandia to sell American Skandia to US insurance giant Prudential Financial.

Generous bonus payments to a group of top Skandia executives attract a wave of negative criticism.

2003

The debate over Skandia's bonus schemes continues to rage, and lawyers, auditors and prosecutors conduct investigations into the payments. The controversy hits Skandia's sales and tarnishes its brand. Urban Bäckström, a former governor of the Swedish Central Bank, takes over as the new CEO of life assurance subsidiary Skandia Liv. An investigation is launched to examine payments between Skandia Liv and the parent company.

Lars-Eric Petersson is sacked after the annual general meeting. Leif Victorin fills the chief executive's role temporarily before Hans-Erik Andersson, formerly of Skandia and Skandia International, takes up the position in January 2004.

2004

Sampo, the Finnish financial services group, acquires the non-life insurence company If from Skandia and Storebrand.

2005

From its historical roots as a life assurance specialist, Skandia celebrates its 150th anniversary as an international provider of long-term savings.

Den 12 januari 2005, på dagen 150 år efter att Skandia fått sin koncession beviljad av Oscar I, är det dags för jubileum. 6 000 anställda i hela världen firar på olika sätt. I Stockholm dukar Susanne Bergman, Jonas Wikman och Göran Smith fram jubileumsbakelser till de anställda på huvudkontoret när koncernchefen Hans-Erik Andersson tittar in för att provsmaka.

Wednesday, 12 January 2005 – 150 years to the day after King Oscar I granted formal approval for the founding of Skandia – is a time for celebration. Six thousand employees around the world each participate in their own way. Here at the company's head office in Stockholm, Susanne Bergman, Jonas Wikman and Göran Smith are getting the birthday mini-gateaux ready for the staff as President and CEO Hans-Erik Andersson stops by for a taste.

Bildkällor | Photo Sources

Siffra hänvisar till sida/Numbers correspond to page

Omslag och Inledning/Cover and Introduction
Omslag/cover Volvos bildarkiv, 8 Skandias bildarkiv, Föreningen Stockholms Företagsminnen/The Skandia Archives, Centre for Business History in Stockholm, 11 Nordiska Museet, Karl Heinz Hernried.

Arbete och industri/Work and Industry
14 och 17 Nordiska museet, KW Gullers, 18 Nordiska museet, Erik Liljeroth, 19 Nordiska museet, Anders Sten, 20 Nordiska museet, Karl Heinz Hernried, 21 Nordiska museet, Bertil Norberg, 22–23, 24, 25, 26 Nordiska museet, okänd fotograf/photographer unknown, 27 Nordiska museet, KW Gullers, 28 Nordiska museet, Karl Heinz Hernried, 29 Nordiska museet, Erik Liljeroth, 30–31 Nordiska museet, Karl Heinz Hernried, 32, 33 Nordiska museet, KW Gullers, 34 Nordiska museet, Karl Heinz Hernried, 35 Nordiska museet, KW Gullers, 36 Pressens Bild, Sven-Gösta Johansson, 37 Nordiska museet, Erik Liljeroth, 38 Volvo, 39 Nordiska museet, KW Gullers. Övriga bilder: Skandias bildarkiv, Föreningen Stockholms Företagsminnen/All other pictures: The Skandia Archives, Centre for Business History in Stockholm.

Katastrofer och olyckor/Accidents and Disasters
51 Pressens Bild, 62 Pressens Bild, 63 Pressens Bild, 66 Pressens Bild, Eva-Lena Olsson, 67 Pressens Bild, Sören Karlsson, 68 Pressens Bild, Rolf Söderberg, 69 Kanal 75 AB, 70 Lars Nyberg, 71 Pressens Bild, Bertil Ericsson, 72 Pressens Bild, Jan Collsiöö, 73 Pressens Bild, Leif Engberg, 74, 75 Lars Nyberg, 77 Sjöberg bild, 78–79 Pressens Bild, Peter Frennestad, 80 Pressens Bild, AFP, 81 Pressens Bild, AFP. Övriga bilder: Skandias bildarkiv, Föreningen Stockholms Företagsminnen/All other pictures: The Skandia Archives, Centre for Business History in Stockholm.

Trygghet och omsorg/Security and Welfare
82, 85, 86, 87, 88 Nordiska museet, Karl Heinz Hernried, 89, 90 Nordiska museet, okänd fotograf/photographer unknown, 91 Nordiska museet, KW Gullers, 92–93 Nordiska museet, Karl Heinz Hernried, 94, 95, 96–97 Nordiska museet, okänd fotograf/photographer unknown, 99 Roger Turesson, 100 Nordiska museet, okänd fotograf/photographer unknown, 101 Pressens Bild, 102 Pressens Bild, Jan Delden, 103 Örebro Läns Museum, Samuel Lindskog, 104 Pressens Bild, Ingvar Andersson, 105 Pressens Bild, Rolf Carlsson, 106 Jeppe Wikström, 107 Pressens Bild, Lars Epstein. Övriga bilder: Skandias bildarkiv, Föreningen Stockholms Företagsminnen/All other pictures: The Skandia Archives, Centre for Business History in Stockholm.

Hem och familj/Home and Family
108 Nordiska museet, Gustav Heurlin, 111 Nordiska museet, Karl Erik Granath, 112 Nordiska museet, okänd fotograf/photographer unknown, 113 Dalarnas museum, Valfrid Samuelsson, 114–115 Nordiska museet, Axel Sjöberg, 116 Nordiska museet, Borg Mesch, 117 Nordiska museet, Axel Malmström, 118, 119 Nordiska museet, Karl Heinz Hernried, 120 Pressens Bild, Bertil Stilling, 122, 123 Lars Nyberg, 124 Pressens Bild, Olle Wester, 126 SvD-samlingen, Stockholms Stadsmuseum, 126 HSB, 127 Nordiska museet, Karl Heinz Hernried, 128, 129, Pressens Bild, 130 Pressens Bild, 131. Övriga bilder: Skandias bildarkiv, Föreningen Stockholms Företagsminnen/All other pictures: The Skandia Archives, Centre for Business History in Stockholm.

Fritid och semester/Holidays and Leisure
131 Volvos bildarkiv, 134 Pressens Bild, Åke Malmström, 136 Nordiska museet, Gunnar Lundh, 137 Pressens Bild, 138–139 Örebro Länsmuseum, Samuel Lindskog, 140 Örebro Länsmuseum, Samuel Lindskog, 141 Dalarnas museum, Valfrid Samuelsson, 142 Nordiska museet, KW Gullers, 143 Pressens Bild, 144 Nordiska museet, Karl Heinz Hernried, 145 Pressens Bild, 146 Nordiska museet, Erik Holmén, 147 Nordiska museet, Gunnar Lundh, 148 Pressens Bild, 149 Pressens Bild, Sven Åsberg, 151 Nordiska museet, okänd fotograf/photographer unknown, 152 Lars Thulin, 154 Jönköpings Läns Museum, Gustav Andersson, 155 Nordiska museet, Jan Mark, 156 Fritidsresor, 157 Pressens Bild, Jonny Graan, 158 Lars Nyberg, 159 Nordiska museet, Karl Heinz Hernried, 160 Lars Nyberg, 161 Pressens Bild, Åke Berglund, 162 Pressens Bild, Roger Turesson. Övriga bilder: Skandias bildarkiv, Föreningen Stockholms Företagsminnen/All other pictures: The Skandia Archives, Centre for Business History in Stockholm.

Vi på Skandia/Skandia People
185 till höger/right, 202, 203, 206 Roger Turesson. Övriga bilder Skandias bildarkiv, Föreningen Stockholms Företagsminnen/All other pictures from The Skandia Archives, Centre for Business History in Stockholm.

1855 En kronologi/1855 A Chronology
217 övre/above, Nordiska Museets Bildbyrå, 219 nedre/below, Bonnierarkivet, Pressens Bild, 230 övre/above, Johan Erséus, 232 övre, Expressen, 233 övre/above, Pressens Bild, 236 övre/above Pressens Bild, Jonas Ekströmer, 237 Roger Turesson. Övriga bilder: Skandias bildarkiv, Föreningen Stockholms Företagsminnen/All other pictures: The Skandia Archives, Centre for Business History in Stockholm.

Föreningen Stockholms Företagsminnen, www.foretagsminnen.se, som förvaltar Skandias historiska material, har bidragit med bilder, fakta och stort kunnande.

Den som vill veta mer om Skandias historia kan läsa till exempel *Ett sekel med Skandia* av Jan Kuuse och Kent Olsson, *Guldregn. Sagan om Skandia* av Sophie Nachemson-Ekwall och Bengt Carlsson samt Karl Englunds *Skandiamän och andra försäkringsmän 1855–1970. Femtio biografiska studier.*

The Centre for Business History in Stockholm, www.foretagsminnen.se, which maintains an archive on Skandia, contributed photographs, information and valuable insight.